快乐游艺

古老游艺与文化内涵

肖东发 主编 罗 洁 编著

中国出版集团

现代出版社

图书在版编目（CIP）数据

快乐游艺 / 罗洁编著. — 北京：现代出版社，
2014.7（2019.1重印）
ISBN 978-7-5143-2464-8

Ⅰ. ①快… Ⅱ. ①罗… Ⅲ. ①游戏－中国－古代－通
俗读物 Ⅳ. ①G898-49

中国版本图书馆CIP数据核字(2014)第165247号

快乐游艺：古老游艺与文化内涵

主　　编： 肖东发
作　　者： 罗　洁
责任编辑： 王敬一
出版发行： 现代出版社
通信地址： 北京市定安门外安华里504号
邮政编码： 100011
电　　话： 010-64267325 64245264（传真）
网　　址： www.1980xd.com
电子邮箱： xiandai@cnpitc.com.cn
印　　刷： 三河市华晨印务有限公司
开　　本： 710mm×1000mm　1/16
印　　张： 10
版　　次： 2015年4月第1版　2021年3月第4次印刷
书　　号： ISBN 978-7-5143-2464-8
定　　价： 29.80元

党的十八大报告指出："文化是民族的血脉，是人民的精神家园。全面建成小康社会，实现中华民族伟大复兴，必须推动社会主义文化大发展大繁荣，兴起社会主义文化建设新高潮，提高国家文化软实力，发挥文化引领风尚、教育人民、服务社会、推动发展的作用。"

我国经过改革开放的历程，推进了民族振兴、国家富强、人民幸福的中国梦，推进了伟大复兴的历史进程。文化是立国之根，实现中国梦也是我国文化实现伟大复兴的过程，并最终体现为文化的发展繁荣。习近平指出，博大精深的中国优秀传统文化是我们在世界文化激荡中站稳脚跟的根基。中华文化源远流长，积淀着中华民族最深层的精神追求，代表着中华民族独特的精神标识，为中华民族生生不息、发展壮大提供了丰厚滋养。我们要认识中华文化的独特创造、价值理念、鲜明特色，增强文化自信和价值自信。

如今，我们正处在改革开放攻坚和经济发展的转型时期，面对世界各国形形色色的文化现象，面对各种眼花缭乱的现代传媒，我们要坚持文化自信，古为今用、洋为中用、推陈出新，有鉴别地加以对待，有扬弃地予以继承，传承和升华中华优秀传统文化，发展中国特色社会主义文化，增强国家文化软实力。

浩浩历史长河，熊熊文明薪火，中华文化源远流长，滚滚黄河、滔滔长江，是最直接的源头，这两大文化浪涛经过千百年冲刷洗礼和不断交流、融合以及沉淀，最终形成了求同存异、兼收并蓄的辉煌灿烂的中华文明，也是世界上唯一绵延不绝而从没中断的古老文化，并始终充满了生机与活力。

中华文化曾是东方文化摇篮，也是推动世界文明不断前行的动力之一。早在500年前，中华文化的四大发明催生了欧洲文艺复兴运动和地理大发现。中国四大发明先后传到西方，对于促进西方工业社会的形成和发展，曾起到了重要作用。

中华文化的力量，已经深深熔铸到我们的生命力、创造力和凝聚力中，是我们民族的基因。中华民族的精神，也已深深植根于绵延数千年的优秀文化传统之中，是我们的精神家园。

总之，中华文化博大精深，是中国各族人民五千年来创造、传承下来的物质文明和精神文明的总和，其内容包罗万象，浩若星汉，具有很强的文化纵深，蕴含丰富宝藏。我们要实现中华文化伟大复兴，首先要站在传统文化前沿，薪火相传，一脉相承，弘扬和发展五千年来优秀的、光明的、先进的、科学的、文明的和自豪的文化现象，融合古今中外一切文化精华，构建具有中国特色的现代民族文化，向世界和未来展示中华民族的文化力量、文化价值、文化形态与文化风采。

为此，在有关专家指导下，我们收集整理了大量古今资料和最新研究成果，特别编撰了本套大型书系。主要包括独具特色的语言文字、浩如烟海的文化典籍、名扬世界的科技工艺、异彩纷呈的文学艺术、充满智慧的中国哲学、完备而深刻的伦理道德、古风古韵的建筑遗存、深具内涵的自然名胜、悠久传承的历史文明，还有各具特色又相互交融的地域文化和民族文化等，充分显示了中华民族的厚重文化底蕴和强大民族凝聚力，具有极强的系统性、广博性和规模性。

本套书系的特点是全景展现，纵横捭阖，内容采取讲故事的方式进行叙述，语言通俗，明白晓畅，图文并茂，形象直观，古风古韵，格调高雅，具有很强的可读性、欣赏性、知识性和延伸性，能够让广大读者全面接触和感受中国文化的丰富内涵，增强中华儿女民族自尊心和文化自豪感，并能很好继承和弘扬中国文化，创造未来中国特色的先进民族文化。

2014年4月18日

驰骋山林——田猎活动

投掷游艺——击壤运动

田猎作为我国人们原始的活动之一，不仅历史悠久，而且文化底蕴深厚。古代田猎不仅是一项具有军事意义的生产活动，也是具有祭祀性质的活动。

田猎的作用广泛：一是为田地除害，保护农作物不受禽兽糟蹋；二是供给宗庙祭祀；三是皇帝为了驱驰车马，进行军事训练。最后，田猎所获野味都用于宴飨宾客。

田猎有一定礼规，不按礼法狩猎是违法的。礼法规定，田猎不捕幼兽，不采鸟卵，不杀有孕之兽，不伤未长成的小兽，不破坏鸟巢等。这些礼法对于保护野生动物资源、维护自然生态平衡是有积极意义的。

驰骋山林

田猎活动

商代狩猎到田猎的演变

　　相传上古时期，人们用树叶遮掩着身体，他们喝的是生水，吃的是生肉，人们仅仅依靠采摘果实是难以吃饱的，为了获得食物，人们不得不想方设法猎取野兽。

■ 远古人们捕猎大象画面

■ 古人捕猎水牛画面

在当时，人是陆地上跑得较快的动物，还学会了制作石器等。人们成群结队地奔跑，用很有威力的武器四处捕猎，致使很多动物都被驱逐到了荒山野岭，再不敢在有人的地方出没了。

相传玉皇大帝见人们捕食的动物太多，就很生气，便让人的腿上生了两个腿肚包。从此，人们就跑不快了，便再也打不到猎物了。动物们都不再惧怕人类，就纷纷回到了山林里。

人们依靠采摘果实是吃不饱的，一个个饿得东倒西歪的。玉皇大帝看了也不忍心，他便教会了人们驯服猎犬和圈养家禽家畜。人们虽然跑得不快，但在猎犬的帮助下，又可以打到野物了。人们将打到的猎物养了起来，从此再也不发愁食物不足了。

根据我国商朝甲骨文的记载，早在上古时期，我

玉皇大帝 全称"昊天金阙无上至尊自然妙有弥罗至真玉皇上帝"，又称"昊天通明宫玉皇大帝"、"玄穹高上玉皇大帝"，是道家所封的神仙之一。据说他居住在玉清宫，道教认为他是众神之王，他的神权最大。他除了统领天、地、人三界神灵之外，还管理宇宙万物的兴隆衰败和吉凶祸福。

■ 古人类狩猎图

甲骨文 又称"契文"、"甲骨卜辞"和"龟甲兽骨文"等，主要指商朝晚期，王室用于占卜记事而在龟甲或兽骨上镌刻的文字。它是我国已知最早的成体系的文字形式，它上承原始刻绘符号，下启青铜铭文，是汉字发展的关键形态，对后世汉字的成型影响极大。

国就有狩猎的传统。甲骨文是一种刻在龟甲和兽骨上的文字，其存在有3000多年历史，记载着各个层次的商朝人对各种事项的占卜结果，可以称为商朝的国家档案。

而甲骨文中有很多反映狩猎的文字，表明了商朝时期人们的狩猎生活。

我国上古先民从产生之时，便开始劳动生产。人们的生产方式主要是女子采集，男子狩猎，这种谋生手段持续了很长时间，这也是一种最原始的生产方式。原始社会有许多有关狩猎的活动，而在商朝甲骨文中的记载更是数不胜数。

这种刻在龟甲和兽骨上的文字所反映的狩猎活动，主要是人们生产生存性的狩猎活动，也有相当一部分是反映王公贵族的狩猎活动。

根据甲骨文记载，商代的人们在狩猎之前，通常先要向占卜师问卦。占卜师用龟甲和兽骨作为占卜的材料，在加工过的甲骨片反面钻出凹槽，用火灼烧，然后根据出现的裂纹来判断吉凶，并把需要祈求的事情与结果刻在卜骨上，这叫作卜辞。

卜辞上的文字，反映出了商代人们的狩猎活动和商朝的真实状况。在商朝时期，人口少而禽兽众多，西汉时期著名史书《史记》在谈到殷商之时说："麋鹿在牧，飞鸿满野。"

这表明，商代的动物和鸟类都是非常多的。在那时候，黄河中下游的中原地区气候温润，河流纵横，森林沼泽密布，在这个范围内聚集了丰富的野生动物。

从甲骨文动物名称中，可以得知在商代时期，栖息于中原森林、沼泽、草地中的动物类别非常多，人们在甲骨文中识别出的动物名称就有70多个字，代表了30多种动物。

其中，哺乳类陆地动物就有大象、老虎、鹿、狼、狈、狐狸、兔子、猴子等，水陆两栖或水生动物有蛇、乌龟、鱼等，飞禽类有麻雀、鸡、燕子、乌鸦等，而人们家养和驯化的动物有牛、马、羊、猪、狗等，甚至还有各种被人们神化的龙、凤等。

后来，有学者对殷墟出土的

占卜 在我国古代，人们用龟壳、铜钱、竹签、纸牌或星象等手段和征兆来推断未来的吉凶祸福的一种手法。"占"意为观察，"卜"是以火灼龟壳，古人认为就龟壳被烧后出现的裂纹形状，可以预测吉凶福祸。它是通过古人研究观察各种征兆所得到的不完全依据，用来判断未知事物或者预测将来。

■ 甲骨文

快乐游艺

古老游艺与文化内涵

■ 古代渔猎图

殷墟 商代后期都城的遗址，是我国历史上被证实的第一个都城，位于河南安阳附近。其中，王陵遗址与宫殿宗庙遗址等共同组成了规模宏大、气势恢宏的殷墟遗址。殷墟遗址重要的历史、科学、艺术和文化价值，对后世影响深远，是人类文明史上璀璨绚丽的一章。

动物群进行了分析，发现野牛、猪、麋鹿、象等，这些动物的骨骼占有80％以上，这充分说明了当时人们狩猎的对象十分丰富，有草食动物、肉食动物，还有丰富的鸟类等。

草食动物在甲骨文中有较多反映，可能是因为草食动物繁殖和生长较快。而它们多数不会和其他动物主动发起攻击，所以人们在猎取草食动物的时候相对较为容易。

甲骨文中记载的草食动物主要有野猪、鹿、野猪、兕等。其中野猪是商代人们狩猎对象中较多的一种。商代武丁时期的卜辞有一条记载，说癸卯这天用焚烧的办法捕获了15头野猪。由此可见，在当时野猪的数量是非常之多的。

兕是一种曾经生存在黄河流域的野生大青牛，后来在殷墟遗址中，人们发现过大量野生牛骨。而商朝武丁时的一条卜辞问出了当天捕猎正是吉时，果然，人们用焚烧树林的方法擒获了很多野兽，其中包括11头凶牛。

鹿是商王狩猎中猎获最多的一种动物，曾经在甲骨卜辞中多次记载，商代人们经常捕获上百头鹿，而在众多的狩猎活动中，最多的一次竟然捕获到了390多头鹿。

在甲骨文中的大象长鼻子、大耳朵，身体巨大，非常可爱，这也许是大象成为商代人们艺术创作对象的重要原因。此时不止有许多象牙雕刻的工艺品，就连商代青铜器和玉器纹饰中也有很多是表现大象的。

后来在商代都城的王陵区考古中，多次发现了大象和幼象的骸骨。甚至在古书《吕氏春秋·古乐篇》中，也有殷人服象的记载。

在商代甲骨卜辞中，曾经有过这样的问卜："今天晚上有雨，还能擒获大象吗？"

另一条卜辞中说："殷王田狩，捕获了两头大象！"

类似这种猎象内容的甲骨卜辞还有很多，这说明

■ 商代狩猎工具

■ 射猎岩画

快乐游艺

古老游艺与文化内涵

帝辛 （前1075年—前1046年），后世人称商纣王。是帝乙的少子，自幼天资聪颖，见识广泛。据说他力大无穷，有倒拖九头牛的威力。他继位后，重视农桑，促进了社会生产力发展，使国力更加强盛了。他把商朝势力扩展到江淮一带，将国土扩大到原来的一倍多。

商代的野生大象和其他动物一样，是商王狩猎的主要对象。而河南是当时大象的主要栖息地，河南又称"豫"，"豫"字就是殷人服象的图形再现。

在甲骨文中，也记载了很多的肉食动物，比如老虎。虎在甲骨卜辞中保存的最原始的图形，有突出的牙和爪。虎这种动物极为凶猛，较难擒获，因此卜辞中提到的大型围猎活动中，虎经常只能被捕到一只或者两只。

商代人们为此把捕获猛虎的事记录下来，并刻在虎骨上作为纪念。商代从武丁到帝辛时期的甲骨卜辞中，都有很多猎获老虎的记录。

据说有一次，商王武丁在狩猎中捕获了两只母虎和两只公虎。还有商王三年十月辛酉日，在鸡麓打猎时，武丁猎杀了一只大老虎，并在该虎的上膊骨上记录了此事，这显然是在炫耀这次狩猎的成绩。

商代如此多的捕虎记录，后来通过殷墟的考古得到了印证，在殷墟考古中发现的虎头就有20多个。

商代的狩猎对象，除了老虎，还有狼。在古代，人与狼的关系并不是简单的共存关系，长期以来狼被公认为害兽，它的贪婪、狡诈、凶暴都令人生畏。

在我国古代，狼的分布极广，它对人类驯养的动物危害较大，它已经成了凶残与恐怖的化身，因此，在甲骨文中，狼显得阴森恐怖。

而从字形结构分析，狼很像犬，因此以右边的"犬"为形，字形的左边是甲骨文的"良"字，"良"字原本表示一缕光线从洞中穿射而入，而狼字用"良"作为组字构件，因为它通常夜晚活动，它的目光如同两盏青绿色灯光一样格外夺目。

除了老虎和狼，商代人们的狩猎对象还有豹子、蛇、狐狸等。

当然，除了陆地上的动物，还有飞禽类。鸟类自古便是人类生存历程中不可或缺的陪伴者，而商代的鸟类不止可以取悦于人，还是当时人们狩猎的对象。因此，在商代甲骨卜辞中，有关鸟类的记载也是非常丰富的。

殷商时期甲骨文中的鸟字，图画和象形意韵非常浓厚，很像可爱的小鸟，而雀字以小鸟会意，又像小鸟前有些米粒，表示以粮食为食物的小鸟。

雀是一种依人的小鸟，它和人类很亲近。当然，商代人们狩猎对象中鸟类还有许多，比如鹤、大雁、天鹅等。

当时的打猎对象，除了飞禽走兽，还有水产类，这属于渔猎的范畴。

在甲骨文中，"鱼"字的出

■ 战国狩猎纹铜壶

武丁 是我国商代第二十三位国王，也是商朝著名军事统帅。他是前商王盘庚的侄子，父亲是商王小乙。武丁在位时期，任用贤臣名士为相，而他的妻子妇好也是有名的大将军。他在位时，重视农商业发展，使商朝再度强盛起来了，史称"武丁中兴"。

009

驰骋山林

田猎活动

苑囿 用墙垣或栅栏划定一定范围的,具有生产、游赏等功能的皇家专属领地。先秦时多称"囿",汉代多称为"苑"。"苑囿"合称也较为常见。先秦及汉代苑囿以物质资料生产为主,兼有游赏功能,多依托湿地等生产力较高的自然环境,其物产主要供给祭祀活动及宾客宴请,是我国园林文化的鼻祖。

现频率非常高。比如商代有两条卜辞,都提到了在园圃之内捕鱼的行为,证明殷商时代帝王诸侯们已开始在池塘养鱼了。这也从另一个侧面反映出,鱼也是商代的人们狩猎捕捉的主要对象。

从商代甲骨文中反映出来的部分只是主要狩猎的对象,当然还有很多狩猎的对象。在商朝中前期,人们狩猎只是为了获取到猎物,以补充食物的不足,这只是一种谋生的手段而已。

全商代后期,随着种植业的发展,人们的食物来源主要就不依靠打猎了,打猎逐渐变成了一种游戏。渐渐地,朝廷或者官府就专门划出一些山林,用作带有游戏性质的捕猎,这便是田猎了。

狩猎是单纯的谋生手段,但田猎与狩猎不同,它带有军事演习、土地的开发、除禽兽之害、娱乐、猎

■ 骑猎岩画

物祭祀等性质。

田猎与原始先民们为了生存下去而进行的狩猎不同，它是在阶级产生以后奴隶主为了娱乐而进行的骑射打猎游戏活动。

在商代中后期，由于我国农耕文明的迅速发展，狩猎已经不再是人们生存的必要手段了，然而人们还是对狩猎怀有一种怀恋的情结，并常常通过游戏或艺术的手段去再现它们，从而得到心理上的满足。

■ 古代的弓箭

随着社会的发展和阶级的产生，那些上层社会人士就有条件去再现已经成为游戏活动的田猎生活了，他们凭借权力在自然山水环境中划出一定区域作为游戏打猎之地，于是就产生了最早的苑囿。

根据商代甲骨卜辞的研究，商代后期帝王打猎的兴趣非常浓烈，遗存的甲骨碎片中有多块出现了苑囿、田猎等文字，上面所记述事情也有不少与田猎有关。

比如甲骨文研究专集《殷契粹编》所卜的都是商代皇帝追逐鹿的事情，甚至居住在离宫里让占卜师天天占卜，连续占卜了两个月。商代的人们一次田猎竟然要两个月的时间，可见那时候田猎的范围已经非常

诸侯 是我国古代朝廷政权所分封的各国国君的统称。在其统辖区域内，世代掌握军政大权，但按礼要服从帝王命令，定期要向帝王朝贡述职，并有出军赋和服役的义务。汉代时诸侯国由皇帝派相或长吏治理，王侯仅仅享食赋税。

■ 古代骑猎

广阔了。

　　田猎的出现，显示了我国商代人们掌握自然、改造自然和征服自然的力量，而这被掌握、改造和征服了的自然界，也就变成了审美的对象。

　　这也说明了，越是过去给人们造成艰难困苦、危险和威胁的对象，一旦被人们所征服以后，它的美感也就越发强烈了，而田猎的美感正是体现在这方面。随着社会生产力的不断发展，田猎更多地倾向于娱乐活动。

阅读链接

　　西汉时期著名史学家司马迁在《史记》中记载说，商纣王的力量过人，他能够徒手格斗猛兽，而他的这种特征就是在田猎活动中表现出来的。

　　纣王的田猎苑囿范围很大，北到邯郸沙丘，西到河渭，都是他田猎的专用地，其中他为了田猎而修建的苑台、离宫别馆也非常之多。

周代田猎的仪式制度

传说在周代时期，西岐地区有一个猎人，他非常喜欢在冬天打猎。

这一天，天气异常寒冷，他取出猎叉，穿戴得严严实实，准备到

■ 狩猎岩画

■ 战国时期弓弩手

快乐游艺

古老游艺与文化内涵

三九 我国传统农历年中的某一时段，也称"三九天"。我国俗语有"夏练三伏，冬练三九"这一说法。与三九天对应的是三伏天。"三九"是指冬至后的第三个"九天"，也就是冬至后的第十九天至第二十七天，也是"三九"和"四九"相交之日，是我国传统节气的重要组成部分。

几十千米外的山林里去打猎。他到达乡间野地后不久，就惊喜地发现了有鹿留下的痕迹。他在鹿的踪迹引导下，来到了一条结冰的河边。

这是一条相当宽阔的河流，河面完全被冻冰所覆盖。虽然冰面上明显地留下了鹿走过的痕迹，但这冰面能否承受得了一个人，猎手并没有一点把握。最终，这个猎手在捕猎的强烈愿望下作出决定，他要涉险跨过河流。

猎手伏下双手和膝盖，他开始小心翼翼地在冰面上爬行起来。当他爬行到将近一半的时候，他的想象力开始空前活跃起来了。

他似乎听到了冰面裂开的声音，觉得自己随时都有可能跌落下去。而在这个寒风凛冽的三九天里，又是在这人迹罕至的荒野外，他一旦跌入冰下，除了冻死，不会有第二种可能。

于是，巨大的恐惧向猎手袭来，但他已经爬行得太远了，无论是爬到对岸还是返回去，都一样危险重重。他非常惊恐和紧张，他的心脏"怦怦"地跳动不停。他趴在冰面上瑟瑟发抖，简直进退两难。

就在此时，猎手听到了一阵嘈杂声。他回过头一看，河边竟然出现了一群大象。那些大象拖着笨重的身躯毫不犹豫走上冰面，一个个正悠然地走着。

猎手一阵茫然，他挠了挠头，傻笑了一声。

他站了起来，这才发现冰面很厚，果然一点事也没有。他又在冰面跳了几下，甚至拿出背后的猎叉在冰面上砸了砸，也都安然无事。他便举着猎叉快速穿过了冰面，继续去追赶鹿了。

周武王（前1087年—前1043年），是西周王朝的开国君主。姬发是周文王的次子，他继承父亲遗志，于公元前11世纪推翻商朝，夺取了政权。他建立西周王朝，表现出卓越的军事、政治才能，成为了我国历史上的一代明君。

田猎在商代渐渐成型，至周代，周武王在灭商的战争中看到了人民的力量，他们借鉴了商纣王的失败教训，再不敢进行大规模打猎了。但尽管如此，周文王还是有方圆35千米的苑囿，其中鸟兽鱼虫都非常丰富。

根据古籍里面记载，周代的苑囿中主要还是以驯养禽兽为主，天子的苑囿方圆可达到上百千米，诸侯的苑囿只能有20千米。这些虽然规模上要比商代小得多，但性质却一模一

■ 猎鹰陶俑

驰骋山林

田猎活动

■ 周代的弩机

样，仍然是用作田猎游戏的。

他们任由苑囿中的自然林木花草生长和鸟兽滋生繁衍。

周代苑囿的景色大致是自然朴素的，内容也非常简单粗犷，距离后代以山水风景为主的苑囿还相差很远。尽管这些早期苑囿简单自然，但从人类审美经验的发展来看，它却包含着无限的生机。

这里的林木草地、野兽飞鸟等不是作为谋生手段而存在，而是作为一种财富而占有，田猎者从中可以获得一种心理上的满足，并由此产生出了一定的审美情感活动。

在周代的时候，一个国家最大的事情，就是祭祀和军事，即便处于和平时期，对于军队的训练和整顿也非常必要。

在周代，每一次田猎，都相当于一次大的军事演习。如周代的夏苗活动，也就是夏天打猎活动，那简直就是一场全民的军事动员。在这些狩猎活动中，都是以军事规则来要求那些参加田猎的人。

将官们摇旗指挥着军民，就像在排兵布阵一样，如果军民不用全力，就一定会受到处罚，这与实战时是一模一样的。

在许多不朽的艺术作品中，这种对于人类自身童年生活的回味，往往是美的永恒魅力的源

■ 古肃慎族狩猎雕塑

泉。而人工苑囿的出现，就是这种魅力的一种反响。因此，在苑囿中已经有了后来园林美的因素。

而田猎在古人生活中一直占有很重要的因素，因此在我国最早的诗歌总集《诗经》中，就有大量反映田猎的作品。

周宣王田猎的盛况都反映在《诗经·小雅·吉日》这一篇中，这便是一首田猎诗，诗写道：

> 吉日维戊，既伯既祷。
>
> 田车既好，四牡孔阜。
>
> 升彼大阜，从其群丑。
>
> 吉日庚午，既差我马。
>
> 兽之所同，麀鹿麌麌。
>
> 漆沮之从，天子之所。
>
> 瞻彼中原，其祁孔有。
>
> ……

周宣王（前827年—前781年），周厉王之子，我国周代第十一位王。在位46年，他即位后，整顿朝政，使已经衰落的周代一时复兴起来了。他主要功业是讨伐了侵扰周代的戎、狄和淮夷等，推动了周代的发展，史称"宣王中兴"，死后被追谥为世宗。

在后来，汉代佚名所著的《毛诗序》中说，《吉日》是一首赞美周宣王田猎的诗歌，后代的学者对此也没有什么异议。《吉日》全诗4章，艺术地再现了周宣王田猎时选择吉日祭祀马祖、野外田猎、满载而归以及最后宴饮群臣的整个过程。

《吉日》第一章写周宣王田猎前的准备情况。周代天子打猎是如同祭祀、会盟、宴饮一样庄重而神圣的大事，也是中华民族尚武精神的一种表现。

天子田猎的仪式非常隆重，事先必须选择良辰吉日去祭祀马祖和整治田车，还有很多必不可少的程序。当一切准备工作都就绪了以后，就只剩下天子在正式打猎时，率人登上丘陵追逐群兽了。

第二章写天子选择田猎的良马，这才开始正式出猎。祭祀马祖后的第三天是庚午日，天子依据占卜得知这天也是良辰吉日。他选择了良马之后，就率领公卿来到打猎之地。

那里群鹿聚集，军民们沿着附近河水的岸边设下重重围阻，他们将鹿群赶向天子守候的地方。

第三章写天子随从们驱赶群兽，以供天子田猎。天子眺望原野，望着广袤无垠的苑囿

快乐游艺

古老游艺与文化内涵

■ 岩画上的狩猎图

中水草丰茂、野兽出入，心中无比畅快，他的随从们再次驱赶兽群以供天子射猎取乐。

第四章写天子射猎得胜后返回朝廷，开始宴飨群臣。随从们将兽群赶到天子的附近，天子张弓挟矢，大显身手，一箭射中了一头野猪，又一箭射中了一头野牛，这些表现出了他英姿勃发、勇武豪健的君主形象。

■ 渔猎工具

而打猎结束后，因为猎获的猎物很多，天子高高兴兴用野味宴飨群臣，全诗在欢快的气氛中结束了。

关于古代"猎"这个字，后来东汉时期文学家许慎在他所著的《说文解字》中这样解释说：猎就是放狗追赶飞禽的意思。而当仔细观察"猎"这个字后，也可以看出狩猎时候人们架鹰唆犬、引弓搭箭的模样。

关于周代的田猎，在不同的时节还有不同的名字，这虽然是共识，可是到底应该是什么名字，在什么时节，那就众说纷纭了。

后来，春秋时期著名文学家左丘明在他所著的《左传·隐公五年》里认为，田猎分为4种，分别是春蒐、夏苗、秋狝、冬狩，这里的春、夏、秋、冬

许慎（约58年—约147年），东汉时期著名文字学家，著有《说文解字》和《五经异义》等。其中他所著的《说文解字》备受推崇。《说文解字》是我国第一部说解文字原始形体结构及考究字源的文字学专著，是后人研究语言文字学、文献学是唯一的经典著作，它的意义非常重大。

用的都是夏令。也就是说，周代皇帝一年要进行4次打猎。

而西汉时期著名礼学家戴德在他所著的《礼记·王制》中，却有不同的简介，他认为周代天子在诸侯没事的时节，一年只需要打3次猎，分别是春苗、秋蒐和冬狩。为什么他认为夏天不用田猎呢？因为夏天不是农闲，所以一年中打猎的时间只能在其他3个季节。

这几种说法，各说各的，但都有一些道理，也不好判断周代的天子田猎到底是3次还是4次。不过史学家大多都多采用唐代杜佑编写的《通典》中的说法，也就是一年4次田猎，名字分别是春蒐、夏苗、秋狝、冬狩。

狩猎曾经是非常困难的谋生手段，是一种推进文明发展的艰苦经历，但是当它演变成田猎后，竟然成了在广阔天地享受自由的游戏，这怎能不令人心旷神怡呢！

阅读链接

在两周时期，帝王君主们出去田猎，并不都是奢靡荒诞的标志，他们的田猎活动其实是有根据的。

《礼记·王制》中有这样一句话：天子诸侯要是没有祭祀征伐、婚丧嫁娶这类的大事，那么每年必须要田猎3次。如果没有什么大事，却不去田猎，那就是对祖先的不敬。

不敬就是没有礼节，在唐代著名文学家杜佑编纂的《通典》中，不敬在十大罪中甚至还排在不孝之前，可见它的罪行有多严重。因为有这样的法典规定田猎，于是商周的皇帝们乐此不疲追求田猎的快乐和愉悦，对后世田猎活动和园林发展都起到了一定的推动作用。

汉魏田猎的特殊作用

传说在西汉建元年间，彭城郊外山林中有一个上庄村，村中有弟兄三人，3个人都是猎手。

有一天，三人一同到村外森林中狩猎，他们在山中转了一天，却连一只野兔也没见到。

■汉代狩猎画

快乐游艺

古老游艺与文化内涵

■ 汉武帝狩猎雕塑

还愿 古代求神保佑的人，在愿望实现后对神许下的报酬，也就是就是愿望成就之后自己愿意付出什么来感谢神明。在古代分为几种，一种是老人祈求高龄，待满寿后要还愿；还有一种夫妇求子求女会带云海石手链请法师加结印，得愿后也要还愿。

在晚上，弟兄三人只好找了一个山洞过夜。在夜晚，他们围着篝火都悻悻不语，这可是他们弟兄自打狩猎以来，从来没有出现过的事，所以他们心情都很不好。

正在沉默间，三兄弟忽然听到洞中有人说话，他们感到很诧异，便举着火把到处巡视，洞中却四壁皆空。这时，老大说："依我说啊，这洞中肯定住着神仙呢！"

其他两个兄弟也深有同感。老大又提议一齐跪拜神仙。于是，三人跪下来拜神仙，表情十分虔诚。

在跪拜中，老大想起了一天来出山不利，狩猎一无所获，便说："洞中的神仙啊！我们弟兄三人打猎扑了空，怎么回去见年迈的父母呢？一家上下10口人，可全指望我们三人打猎呢！您有灵的话，明天请保佑我们能打到猎物啊！"

说到这儿，老大顿往了，因为，按照当地的风俗，许愿是要还愿的。该拿什么还愿呢？老大扭头看了看两个兄弟，他见老三一脸虔诚，嘴里好像还念念有词。

于是，老大灵机一动，马上说："如果您让我们打到猎物，我们就让老三留下来为您吹拉弹唱。"

说到这儿，老二也说："是啊！是啊！如果您能帮助我们，我们就让老三来这里为您吹拉弹唱。"

说到老三，在弟兄三人中可算是最精明的人啦！老三除了练就一身狩猎的本领外，还会敲锣鼓，连吹拉弹唱也样样都会，因为山村里没有戏，一到过年，十里八村的人都跑来听老三吹拉弹唱。

老三也乐意为大家演唱，所以十里八村的人都非常喜欢他。老三听到两位哥哥的话，没觉得有什么，只好说："好吧！我愿意为您吹拉弹唱。"

话说第二天，弟兄三人打的猎物实在太多，甚至都拿不完了。于是三人把猎物一只一只拖到洞中等猎物运完，天也就黑了，三人无法

田猎活动

■ 汉武帝狩猎雕像

■ 魏晋狩猎场景

祭品 顾名思义就是在祭祀时用的物品，根据不同地域有所区别，祭品的形式也是十分丰富。祭祀是先秦时期的一项重要活动，当时的人们在充满虔敬的心情中，把酒醴、牛羊、植物等祭品奉献给上帝和先祖，期盼着他们降下福禄，传达了农业文明对神祇的敬畏，并暗示了礼的起源。

下山，只好又住在洞中。因为忙了一天，三人实在太乏了，纷纷倒头便睡。

到了第二天早晨，由于山高，太阳早已照进洞口，老大最先醒来，便喊道："老二，老三，快起来了。咱们已经两天没有回家了，家里人还在等着我们呢！我们必须赶快起来，下山回家。"

老二醒来了，他推了推旁边的老三说："老三！快起来，就你瞌睡最大。"

但是，老三仍然没有动静。老二急了，他使劲推老三仍然没有反应，他把手伸到老三鼻子下，原来老三已经没气了。

老大、老二见状痛不欲生，他们后悔不该给神仙许下让老三留下的愿。原来他们的本意只是让老三留下为神仙弹奏一番，并不想神仙把老三的灵魂留下。可事到如此，他们也无可奈何了，只好抬着老三的尸体下了山，请村里的老人帮忙出主意。

村里有一个老人说："如果要救老三的话，必须让全村人带着锣鼓乐器去为神仙吹拉弹唱，演奏一番，再带些祭品去祭拜神仙，这样或许可以让老三起死回生。"

于是，老大老二挨个去动员村里人，他们带着祭品和乐器，一起来到山洞中。村民们摆上祭品，有人吹笛子，有人弹琵琶，有人演唱，其他人都跪地不住为老三祈祷。果然没多久，老三就醒了。

说来也奇怪，这一年秋天，村里田地庄稼的收成竟然不知不觉翻了一番，而往后的每年庄稼都是高产量，人们在家耕种便可以吃饱饭，再也无须去山林中冒险狩猎了。而老大、老二和老三不用再出去打猎了，他们一家都过上了幸福的生活。

从此以后，每到除夕夜和大年初一，兄弟三人便高高兴兴，带着村人一起到洞中去为神仙演奏。每次，山洞中传来铿锵的锣鼓声和悠

狩猎壁画

快乐游艺

古老游艺与文化内涵

■ 岩画中狩猎场景

扬的弦乐声，这声音好像在提醒人们要铭记打猎的辛苦和危险，好好耕种庄稼，来年收成还会更好的。

于是，人们一听到洞中传来锣鼓声，便想起了老三的死而复生。他们想起了老三，便一个个发奋地耕作田地，纷纷把土地侍弄得土肥地壮，满是庄稼。

于是彭城地区便有了"锣鼓一响，粮食满仓"的传说，人们便把这个洞称作锣鼓洞。

这是一则我国汉代的狩猎故事，通过这个故事，表现了人们对神仙的崇敬和对狩猎来之不易的认识，也反映了在当时汉代依旧专门有从事狩猎的猎手。

而汉魏时期主要的田猎场所便是南阳地区。南阳的田猎文化，也是我国传统田猎文化中的重要组成部分。在汉代的南阳，因为靠近洛阳大都，那里的田猎活动异常频繁。

我国东汉著名天文学家、文学家张衡在他所写的

张衡（78年—139年），东汉时期伟大的天文学家、数学家、发明家、地理学家、制图学家、文学家和学者，在数学、地理、绘画和文学等方面，表现出了非凡的才能和广博的学识。他为我国天文学、机械技术、地震学的发展作出了不可磨灭的贡献。

《南都赋》中，就形象地记载了南阳人在东汉时的游猎活动，说道：

> 于是群士放逐，驰乎沙场。骠骑齐镳，黄间机张。足逸惊飙，镞析毫芒。俯贯鲂鱮；仰落双鸧鱼不及窜，鸟不暇翔。尔乃抚轻舟兮浮清池，乱北渚兮揭南湄。汰瀺灂兮船容裔，阳侯浇兮掩凫鹥。追水豹兮鞭櫾锹，惮夔龙兮怖蛟螭。

从这段文献中，可以看到当时南阳骑士们在田猎场中的相互竞赛。他们骑着骏马飞驰在原野上，骑士们张弓射箭，追逐鸟兽，姿势英勇而潇洒。

而在许都出土的汉代图画中，也有不少车骑出行、田猎骑射等活动的画面。

那些画面说明当时田猎的规模相当浩大，一辆辆轺车并排出行，前面有充当向导的骑手，后面有很多护从，他们英勇无比，驰骋在郊野中进行田猎，这些汉代画面生动地反映了汉代南阳人田猎生活的一个侧面。

许都 我国古都之一，位于今河南省许昌附近。196年，曹操迎接汉献帝刘协自洛阳迁都于此。许都有"魏都"、"钧都"、"花都"的美誉，具有深厚的三国文化、陶瓷文化和蜡梅文化。220年，魏武王曹丕建立了魏国，他以"汉亡于许，魏昌于许"之意，改许都为许昌，这也是"许昌"最初的来源。

■ 古代猎人

■ 牧人骑猎岩画

快乐游艺

古老游艺与文化内涵

建安 东汉末年汉献帝刘协的年号，从196年至219年。当时的文学领袖都是曹家人物，文学方面，在曹操父子的推动下形成了以曹操、曹丕、曹植为代表的建安文学。还有王粲、陈琳、徐干、刘桢、应场、孔融和阮瑀七人合称"建安七子"，对后世文学有深远影响。

在南阳出土的各种文献中，关于田猎活动的记载也有很多，田猎的名称也多种多样。比如"校猎"、"射猎"、"狩猎"、"蒐猎"、"狝猎"、"苗猎"、"羽猎"等，说明了汉魏时期的田猎活动，在南阳已经发展到很高的规模了。

其中，在汉魏时期的田猎活动中，人们借助弓矢猎取野兽称为"射猎"，也称"羽猎"。南阳汉画像中反映射猎的画面也很多，而人们借助马匹进行的田猎，则称为"骑射"。

南阳草店汉墓中有一幅建安年间的猎虎图，右边一个人骑马拉弦向一只猛虎射去，猛虎前面有一个猛士持矛斗虎。

而南阳长冢店汉墓的骑射图则更为惊险，画面刻出了3个骑手，左边两人骑马围射一只猛虎，其中一人骑马弯弓迎射，还有一人骑马手持长矛，右边一人骑马与一只野兽搏击。

在东汉末期，人们射猎时通常在箭上系上丝绳，这样使飞禽中箭后不能逃走，这种方法叫"弋射"，主要用于射猎飞禽。

后来，在南阳靳岗乡发现了一块汉画像石，画面上刻画了一只凌空飞翔的大雁，其中一只中箭下坠。下面刻了两个射手，前面一人跪姿持弓，他用系绳的箭射中了一只大雁，后面那人肩扛武器，这明显是一幅"弋射"画像。

渔猎也是汉魏时期南阳田猎活动的一种。后来在南阳英庄汉画像石墓发现有一幅渔猎图，画面上显示，在野兽出没的山脚下，一条小河流水淙淙，两人泛舟河心，他们在长虹似的桥上各持长杆，而连接两杆的长索便是渔网，说明了他们正在进行渔猎活动。

在东汉末年，魏王曹操的许都田猎具有非常丰富的意义。那是199年，曹操的一次打猎行为震惊了天下。这场打猎，被当时人们叫"许田打围"。

这次曹操的许田打围，是和汉献帝刘协一起进行的，因为有汉献帝在，这应该是一场再正常不过的田猎了。因为在古代，天子往往会在四季进行田猎，一

■ 汉代画像砖上的狩猎图

快乐游艺

古老游艺与文化内涵

■ 狩猎图

汉献帝 （181年—234年），汉献帝刘协，字伯和，又字合，祖籍沛县，生于雒阳。是汉灵帝之子，汉代最后一任皇帝。196年，曹操控制了刘协，并迁都许昌，从此"挟天子以令诸侯"。在234年，刘协病死，享年54岁。谥号孝献皇帝。

则进行军事训练，一则检阅军队，并示武天下。

有汉献帝参加的田猎，它的作用不外乎如此两种。

但是，这场再普通不过的例行田猎行为，却被曹操赋予了另外的含义。那是199年，曹操已经取得了无可比拟的政治优势，他可以名正言顺地讨伐各路诸侯了。

加上3年的屯田，让他经济实力大增。在军事上，他更是势如破竹，击破吕布，收降张绣，并逐渐有能力与强大的袁绍集团进行对抗。

此时的曹操正志得意满，他的谋士程昱提出趁他威名日盛时，可行王霸之事。曹操却看到了事情的另一面，当时朝廷重臣还有很多，他不能轻举妄动。

其实，他所担忧的是，支持汉献帝的还大有人在。所以，他需要通过"许田打围"来进行一场表演。

这场表演，就是我国古代著名小说《三国演义》中著名的许田打猎。曹操是想通过打猎观察汉献帝对他的态度，对于曹操来说，许田围猎就是一场政治游戏，田猎之后，喧闹一时的射鹿台又归于平静了。

汉献帝只有闷闷不乐地离开皇家猎场了。虽说许田是皇家猎场，但汉献帝也来不了几次，倒是丞相曹操想来就来，想走就走，享受了只有皇上才能享受到的风光，因此曹操逐渐受到了汉献帝的猜忌。

曹操许田围猎的故事，为许昌田猎漫长的历史画卷中抹上了浓重的一笔。后来，文人墨客们把这段故事演义成许昌十景之一的"许田积雪"。

这场著名的田猎活动，后来还有依稀的遗迹可见，还留存了当时的射鹿台。

其实，许田距离许都，也不过三四十千米，从距离上来说，来这里狩猎，不算很远。曹操带人来这里围猎，完全是有可能的。应该说，许田打围这件事是实有其事的，并非无稽之谈。

而记录曹操许田围猎的唯一遗迹，便是许田的射鹿台了。古代重大的活动都有着严格的礼仪规定，田猎也不例外。田猎人员要按照一定的等级，到指定的地点集合，听从号令统一行动。

在这个集合的地方，自然要搭建高台，用以作为领导发号施令的场所。许田射鹿台虽然后来变成了一片田野和一座土台，可是有了田猎文化，还有这许多历史人物，就有了许多让人体会的韵味了。

发展至汉魏时期，田猎已经是一项具有军事意义的活动了，并与祭祀有关。

在史籍中，多次记载汉魏时期历代君王田猎的事，他们大都是以田猎作为游嬉玩乐的方式，可见田猎既有礼仪性质，又有娱乐性质，因此受到汉魏帝王贵族们的喜爱。同时，帝王们还借助这种活动，实现其他政治目的，因此田猎在汉魏时期，也具有特别的意义。

阅读链接

在河南省南阳汉画像石刻中，关于田猎活动和反映田猎的画刻很多，其中更有不少是人们借助猎犬捕兽的图像。

例如，南阳出土的英庄汉画像《石墓围猎图》，画像中间有一座大山，山峰数重。山下一个骑手扬鞭催马驰骋郊野，前面有两只猎犬飞身追捕鹿群，还有一人举着大网去阻挡鹿群，这画像生动体现出了汉代在南阳的田猎活动无比兴盛。

南阳汉画中的田猎活动，也使用了多种器物，诸如各种武器及捕兽的专用工具，还有专用猎车等。而南阳汉画像表现的游猎活动还有很多，猎获的猎物也很丰富，从画面上见到的被猎获的动物有虎、牛、鹿、兔、野猪、雁、鱼等，这与文献中所见到的猎物种类大体相近。

唐代帝王对田猎的偏爱

相传在唐代初期，唐太宗李世民自小酷好田猎，甚至他登基称帝后对田猎仍然是兴趣不减。他每隔几天，便兴师动众，率领数万将士一起去出城围猎。

不少大臣婉言相劝，唐太宗却认为田猎是在练习骑射和检验军队，对国家有利，因此不听劝谏。

有一天，太宗又准备去打猎，正要上马时，猛然间，他的主簿孙伏伽跑了过来，他一把抓住太宗的马缰，强行制止唐太宗李世民出城。

孙伏伽异常严肃地说："天子居住的地方戒备森严，出行的时候仪卫扈从很多，这些并不是为了讲排场，而是为了国家的利益

■ 狩猎弓箭

■ 田猎用的弓箭

孙伏伽 唐太宗时著名的大臣。隋朝末年，他便涉足官场，做了一名官职卑微的小吏，几经升迁，至隋炀帝末年，他成为京都的法曹，负责审理刑狱，督捕奸盗，查办赃略。他为人忠直诚恳，敢于直言上谏，有魏征之风。他的性格宽宏大量，处事从容，宠辱不惊，他在唐太宗时任谏议大夫，后拜为御史。

和朝廷的尊严。"

"而走马射猎、放鹰驱犬，那是年少纨绔子弟取乐的事。陛下以前做秦王时，偶尔打打猎，也无关大局。但如今您贵为天子，怎么能时常劳师动众出去打猎呢？'驰骋田猎令人心发狂'，陛下不要忘记老子这一警言。陛下太热衷于打猎，既不利于国家，又不是值得后世效法的好榜样，臣以为陛下不当如此！"

但是，唐太宗并不听孙伏伽的劝阻，他一边迫不及待地翻身上马，一边向孙伏伽解释说："如今天下虽然太平，但也不能放松武备。朕外出围猎，练武强身，又有什么不好呢？而且朕从不惊扰百姓，又有哪点不恰当呢？你还是不要再多说话！"

可是，孙伏伽却抓住马缰不放，还厉声说道："今日陛下不听微臣劝阻，定要出宫，就让马从我身上踏过去就行了。我纵然被踏死，也不会放掉缰绳，否则，陛下休想出宫！"

唐太宗一再命孙伏伽松手，左右侍从也来劝孙伏伽，孙伏伽一概不理，死死抓住马缰不放，还对唐太宗说："只要我还有一口气，就不愿看到陛下做天子不应当做的事情。"

唐太宗见孙伏伽这样固执，他怒火中烧，大声喝道："朕贵为天子，万乘之主，难道连这点自由还没有了吗？怎么还须看你的脸色行事！"于是，立即命武士将孙伏伽推出午门斩首示众。

几个武士应声而至，他们抓着孙伏伽的衣领就往外拖。孙伏伽面临杀身之祸仍然毫无惧色，他大声说道："我宁肯直言进谏而死，与被夏桀杀害的关龙逢同游地下，也胜过苟活，看陛下犯过不改。"

唐太宗见孙伏伽如此倔强，也被他大无畏的精神和一片忠心所感动。他便从马上下来，笑着对孙伏伽说："朕不过试一试你的胆量罢了，你能冒死直谏，我还能去打猎吗？"

■ 围猎场景岩画

■ 狩猎出行图

谏议大夫 古代官名。最早由秦代设置，专掌议论国家朝政大事，有数十人之多。魏晋时期，谏议大夫多由郡守级以上官员迁转而来，是一种散官，有时也作为任官时的过渡，有时是安排闲散、无用之官，品阶是正四品。唐代也有这个官职，却属于正五品。

唐太宗马上命令武士们放开孙伏伽，并解散围猎大军。同时他为了表彰孙伏伽，把他提拔为五品谏议大夫。后来，唐太宗约束了自己经常大规模田猎的行为，在孙伏伽、魏征等忠臣的帮助下，开始专心治理国家，很快就将国家建设得繁荣昌盛了，开创了伟大的"贞观之治"。

随着人类文明的发展，至唐代，狩猎逐渐地具有了娱乐、军事、体育的多重性质，也成为习武练兵、强身健体、振奋精神、谋取收获的一项集体性的综合运动。《周礼》中记载的君王四季田猎礼仪，也被唐王朝沿袭了下来。

唐代的皇帝，个个武艺高强，英勇善战，他们喜爱狩猎，擅长骑射，甚至还把狩猎放在与国家祭祀同等重要的地位。

据史书《新唐书·礼乐志》记载，唐代帝王的田猎活动气势庞大，从事先的准备到具体的实施过程，从获取的猎物到结束后的分配、赏赐等，都有一套复杂的礼仪，宛若一场谋划周密的重大军事战役。

唐代田猎不仅注重个人的身体素质、武艺技能，还特别讲究集体的配合、整体水平的发挥。而田猎的地点，一般都选择比较空旷、地势比较复杂的长安附近。

但是，有的时候也选择在较远的其他地区，如咸阳的周氏陂、泾阳的华池、同州的沙苑、岐州的凤泉汤等，都是唐代狩猎的主要地方。一般在田猎时间上，短的有一天的，长则5天以上。

比之大型田猎，唐代帝王平时的小型狩猎规模就比较小了，一般仅有大臣从驾、武士护卫等，人员比较精干，时间地点上灵活随意，而狩猎更注重的是皇帝个人的体能、胆略、骑射技能和心理素质。

唐代田猎地点一般在皇家宫苑和长安城周围的野外山林，如三苑就是都城北边的东内苑、西内苑、禁苑、长安城周围的昆明池、咸宜宫、骊山、上宜川、

长安 西安的古称，从西周时期至唐代先后有13个王朝及政权建都在长安，是我国历史上历时最长，建都时间最早，朝代最多的古都。同时，它也是历史上影响力最大的都城，被列"四大古都之首"和"世界四大古都之一"，是中华文明的发扬地、中华民族的摇篮、中华文化的杰出代表。

驰骋山林

田猎活动

■ 国画狩猎图

■ 唐代壁画狩猎出
行图

高陵、渭川等。

　　唐代著名诗人王维的《观猎》一诗，描写的就是在渭川狩猎的场景，诗写道：

　　　　风劲角弓鸣，将军猎渭城。

　　　　草枯鹰眼疾，雪尽马蹄轻。

　　　　忽过新丰市，还归细柳营。

　　　　回看射雕处，千里暮云平。

　　其实，唐代狩猎的方式也是多种多样的，有火攻、围猎、网捕、索套、骑马箭射等，有时是几种方法同时使用的，一般用火攻法时，先纵火焚烧草木，使野兽难以逃脱，最后再捕获这些野兽。

　　而在唐代时，女子也乐于在射箭场习射竞技，

王维（70年—161年），唐代著名诗人，有"诗佛"之称。他是盛唐诗人的代表，有诗400余首，重要诗作有《相思》、《山居秋暝》等。他还精通佛学，受禅宗影响很大，他的书画都很有名，多才多艺，音乐也很精通。

她们也经常伴随帝王出游田猎。宫中女子流行射鸭比赛，而随同皇帝和杨贵妃出游时的女官们，她们都配弓带箭，而且射术非凡，抬手举弓，便可以射中天上的飞鸟，而且经常是一箭双雕的。

唐代的开国皇帝是通过武力夺取天下的，他们在各种斗争的磨砺中，使朝廷的核心人物个个武艺高强，英勇善战，他们都喜爱狩猎，是唐代社会的主流时尚。

唐太宗李世民甚至还把狩猎放在与国家统一、国泰民安同等重要的地位，还提出了他独特的主张。他说："大丈夫在世，乐事有三：天下太平，家给人足，一乐也；草浅兽肥，以礼畋狩，弓不虚发，箭不妄中，二乐也；六合大同，万方咸庆，张乐高宴，上下欢洽，三乐也。"

唐代巢王李元吉更是痴迷田猎，他曾经说："我宁可三日不食，也不可一日不猎。"

唐代帝王、贵族以及民众对田猎活动都非常热衷，在陕西发掘出的唐代章怀太子李贤的墓中，人们发现墓道壁画中有一幅

■ 狩猎出行图

《狩猎出行图》，整个画面有四五十名骑手，他们旗帜招展，骏马奔腾，显示了唐代贵族狩猎场面的热烈壮观。

田猎的猎手们奔驰在山林之间，听着战马嘶鸣，挥舞着刀剑驱驰呐喊，此时，连最凶猛的禽兽见了也会狼狈逃窜。猎手们用猎获的猎物把车辆装得满满的，然后在野外举行盛大的庆宴，篝火烧烤的野味浓香四溢，美酒斟满了夜光杯，田猎的乐趣使猎手们流连忘返。

我国明代文学家马中锡在其《中山狼传》中非常细腻地描写了春秋时期晋国大将赵简子田猎的壮观场面，以及赵简子踌躇满志的人物形象："赵简子大猎于中山，虞人道前，鹰犬罗后。捷禽鸷兽，应弦而倒者不可胜数。有狼当道，人立而啼。简子垂手登车，援乌号之弓，挟肃慎之矢，一发饮羽，狼失声而逋。……足音鸣雷，十步之外，不辨人马。"

阅读链接

唐代帝王的狩猎活动，有正规的规模庞大的田猎，也有随意灵活、不拘形式的小型打猎。尤其是在仲冬季节举行的田猎活动，被统治者作为了国家的一项重要活动，还被纳入五礼之一的军礼之中。

唐代帝王以狩猎为乐，在唐代皇族之中最为盛行。唐高祖李渊统一天下之后，他每年都要举行一两次大的田猎。

有一次，唐太宗李世民还要在禾苗盛长的夏季出猎，府司马大臣卧在他的马前进谏道："今农在田，陛下何得非时以损下人！"

李世民还在狩猎中亲手刺死一只野猪，称之为"天策上将击贼"。

元代田猎时训练军队

　　相传在元代蒙古最强盛时期，每逢大汗成吉思汗要进行大猎时，他就传下诏旨，命令驻扎在他大本营附近的军队做好行猎准备。按照指令从每10人中选派几个骑兵，提前把武器及其他适用于田猎的器用

■蒙古骑兵

■ 元世祖出猎图

大汗 我国古代北方部落的首领。"大"是至高无上和伟大的意思。"汗"是首领音译而来的。本意是王、皇帝和帝王等，也是古代蒙古族部落的首领，清代早期女真人努尔哈赤也曾经称过"大汗"。

分发下去。

而成吉思汗下令，田猎军队的右翼、左翼和中路必须按照固定排好队形，由千夫长、万夫长们率领。

后勤部队携带后妃、嫔妾，以及粮食、饮料等，陪同军队一起出发。

成吉思汗的一次田猎，通常花一两个月的时间去形成一个巨大的猎圈，他的军队缓慢地、逐步地驱赶着前面的野兽，小心翼翼，唯恐有一头野兽逃出圈子。

在这一两个月中，他们日夜驱赶着野兽，好像在赶一群羊一样。随后，田猎部队捎信儿给大汗，向成吉思汗报告猎物的情况，比如捕获的猎物多少，或者将猎物赶到了何处等。

最后，成吉思汗的猎圈收缩到一定范围时，他的田猎军队就会把绳索连接起来，还在上面用毛毡覆盖住，军队围着圈子停了下来，肩并肩站立在那里。

当猎圈已经再收缩到野兽不能跑动的时候，成吉思汗便带领几骑首先驰入猎圈去打猎。

当他打猎累了后，他就在高地上下马，观看诸王同样进入猎圈打猎。等贵族们打猎完后，再按照顺序，最后进入的是那些将官和普通士兵。

就这样几天以后，除了几头伤残后游荡的野兽外，再没有别的猎物了。这时，几个老头和白髯翁卑恭地走近成吉思汗，为他的幸福祈祷，还替劫后余生的野兽们乞命，请求让它们到有水草的地方去。

这时，成吉思汗的田猎活动才堪堪完毕，他们把猎获物集中在一起，清点捕获的猛兽数量。

这便是田猎中的围猎，是我国蒙古族老少娴熟的一项活动。元代的蒙古大汗、王公贵族们都喜欢围猎，他们围猎时经常一齐出动，正是全民性的活动。

元代的围猎可分为虎围、狼围、鹿围和鸡兔围等，而实际上是一场蒙古马竞技表演和准军事的演习，凡参加围猎者均要骑一匹精良的蒙古马，骑兵很是威风，具有鲜明的蒙古民族特色。

其实，狩猎是蒙古民族一

蒙古马 *原产蒙古高原，处于半野生生存状态，它们体形矮小，其貌不扬，然而，在风霜雪雨的大草原上，没有失去雄悍的马性，它们头大颈短，体魄强健，胸宽鬃长，能抵御西伯利亚暴雪，能扬蹄踢碎狐狼的脑袋。经过调驯的蒙古马，在战场上不惊不乍，勇猛无比，历来是古代一种良好的军马。*

■ 元朝皇帝狩猎图

■ 蒙古狩猎者

《蒙古秘史》
一部记述蒙古民族形成、发展和壮大历程的历史典籍，是蒙古民族现存最早的历史文学长卷。因为它事涉及蒙古民族的天机和隐秘，在蒙古族入主中原的元代就秘而不传。至明清两代，虽然散见于一些大型类书、丛书，但远离了民间。这是一部蒙古族最古老的历史文学典籍，也是世界文化遗产。

种古老的生产方式。蒙古族狩猎经济的产生可以追溯到漫长的原始社会。

在蒙古族的发祥地额尔古纳河流域的山林地带，他们的祖先在密林中度过了漫长的狩猎生涯。

据史书《蒙古秘史》记载，在成吉思汗成长时期，他们全家人曾经迁往流经不尔罕山前的桑沽儿小河附近住下，就是靠捕杀土拨鼠、野鼠等来维持生计。

其实，蒙古人狩猎的主要目的就是以狩猎所得来代替家畜的消耗。

此外，狩猎还有3个附属的功能：一是军事训练，增强武备；二是以所获的珍贵皮毛换取所需要的物资，改善生活；三是捕获那些害畜野兽，保护牧业生产。通过这种活动，培养人们的智慧和胆量，增强集体应变能力，调教坐骑和鹰犬。

元代狩猎通常有两种方式，一是大规模的围猎；二是个人或少数人的行猎。前者是由大汗君长或部族长们领导执行的，后者是个人的行动。

大型围猎，动员数十人、上百人，甚至更多，有固定的日期和规程。一般来说，打什么围，就有什么章法。

大型围猎，须事先下达通知，通报包括地点、预定时间，各个责任地段等。要延请围猎高手。猎人们根据时间，准备干粮、马匹、猎犬以及箭壶、布鲁等器械。夏秋围猎之前须"吊马"；给猎犬佩戴用香牛皮或布帛做的红重项圈，观之威风凛凛。

根据狩猎对象划分，狩猎还可以分为虎猎、狐狸猎、黄羊猎、兔猎、野猪猎、狼猎等。

一般，元代的狩猎对象可分为两种，一是禽类；二是兽类。前者的娱乐成分较多，多半是用鹰来捉捕猎物。

大汗君长们所用的是非常敏捷的海东青，他们以弓箭射鸟，同时还要把鸟和箭的距离与速度计算恰当，才样才可能射中，不然他们弯弓射雕，又有什么奇特的呢？

当然，狩猎除了具有军事性的围猎以外，适用猎犬也是可汗们行猎的方式之一。

布鲁 蒙语意为投掷。比赛分投远和投准两种，多在喜庆节日举行。投远是以投掷距离远近定胜负。投准是在场地上竖立3根圆形木柱为目标，投中目标即按规定得分。投远与投准均以每人3次为限。投掷姿势无规定，以3次投掷中的最好成绩定名次。

■蒙古猎人

■ 狩猎

裘皮 由带毛鞣制而成的动物毛皮，用作服饰材料。常见有狐皮、貂皮、羊皮和猿皮等。裘皮服饰在我国有很长的历史，商代甲骨文中已经有表现裘皮的象形字，古代裘皮雍容华贵，是上流社会才能享受的精美服饰。

元代蒙古人的打猎活动，大体上从秋末冬初开始一直坚持至第二年的初春。当然，其他季节也有打猎的活动，但毕竟不是最主要的。

在行猎季节内具体行围日期，以三、六、九或五、七日进行，间隔五六天举行一次。

之所以在秋末冬初开始打猎，是因为"九月狐狸十月狼"。在九、十这两个月间，猎取的猎物皮毛质量高，绒毛适当，毛皮成色好。特别是就狐狸来说尤其如此。

因为狐狸毛皮极为珍贵，错过了此期间猎取的狐狸皮就会成了老羊皮，也就不适于再做裘皮了，而那时候它的经济价值和实用价值也都不高了。所以即使在初春季节，元代蒙古人也不大愿意猎取狐狸。

元代的打猎除了射击之外，无论驯犬、调鹰，利用动物心理等，都需要人们有纯熟的技巧，这也是草原艺术之一。例如猎黄羊只能一头一头地去瞄准，否则便一无所获。

对于每一种猎法，都有特别的技巧。打中猎物不伤害猎物的皮毛，这才算是一个优良的射手。元代人们一般用弓矢长枪去狩猎，也有一个短而有力的铁锤是专为猎狐兔而准备的，此外，还有陷阱、夹套等，也都时常使用。

蒙古人在没有战争的时候，一般就要去田猎，从而达到训练军队的目的。

元代的田猎并不仅仅在于围猎本身，还在于训练战士们熟于射术和能耐艰苦的能力。所以狩猎不仅是在获取猎物，在娱乐方面和军事训练方面都有很重要的意义。

元代蒙古人有驱使猎狗捕猎的方式，因此，他们非常重视选留一只好的猎狗。

他们选留猎狗要注重好的品种，也就是从良种小狗崽中挑选腰身长，尾巴长而匀称的小狗，这些小狗听觉灵敏，视力敏锐，动作敏

■猎人

忽必烈 （1215年—1294年），字儿只斤·忽必烈，元代的创建者。是蒙古民族光辉历史的缔造者，是蒙古族卓越的政治家、军事家。蒙古尊号"薛禅汗"。他建立了幅员辽阔的统一多民族国家元朝。他在位期间，建立行省制，加强中央集权，使得社会经济逐渐恢复和发展。

捷，跑起来也非常快，只有这种小狗才有可能被作为猎狗。

蒙古人第一次出外调驯猎狗时，他们先往狗鼻子里灌注狐狸的热血，使猎狗与狐狸和狼成为冤家对头。

如果是专门猎取狐狸和狼的猎犬，那么就不能用它来猎取兔子，这是为了培养猎犬专一的精神，否则猎犬在追逐狐狸的过程中一旦遇到兔子，就会失去主要目标。

元代田猎方式，通常是成群结队的蒙古猎人围捕所猎取的各种野兽，这些野兽是蒙古人重要的肉食来源。而成吉思汗和忽必烈的雄才大略，便有一部分来自他的狩猎经验。

蒙古草原也栖息着多种鹿类，如瞪羚、赛加羚、麝香鹿等，此外，还有成群的剑羚和野驴，这些动

■ 猎夹子

■ 元代狩猎图

物的肉都是可以吃的，但是，它们行动敏捷，生性警觉，是极难猎捕的。

蒙古猎人如果单枪匹马，就只能放慢脚步，悄声跟进，或者是伏在灌木丛旁水池中，伺机而动。不过，最有效的狩猎方式是围猎。

成吉思汗极其重视狩猎，他曾经说：

行猎是军队将领的正当职司，从中得到教益和训练是蒙古军团应尽的义务，他们应当学习猎人如何追赶猎物，如何猎取它，怎样摆开阵势，怎样视人数多寡进行围猎。

这不单是为猎取野兽，更主要的是使军队在围猎中熟悉弓马，磨炼吃苦耐劳的意志，学到战争技巧和艺术。

成吉思汗（1162年—1227年），字儿只斤·铁木真，蒙古帝国可汗，尊号"成吉思汗"，意为"拥有海洋四方的大首长"。世界史上杰出的政治家、军事家。1206年春天建立了大蒙古国，此后多次发动对外征服战争，征服地域西达中亚、东欧的黑海海滨。1265年，元世祖忽必烈追尊他庙号为太祖。

■蒙古牧民狩猎图

　　成吉思汗把这种围猎方式，扩大成缜密的军事训练，每个成年男子都必须纳入团队行动中，发挥他的功能。也难怪蒙古将领在战场上，除了勇气过人、坚忍顽强之外，行军布阵的本事更是不容小觑。

　　在集体围猎的过程中，那些千夫长、万夫长们可以体会出整合的精义，他们知道如何激发出将士的战斗力。所以，猎场与战场上的经验得到了相互的印证，也难怪他们用兵如此出神入化了。

阅读链接

　　蒙古人的猎狗也叫"细狗"，是专门训练出来捕猎狐狸的好手。它只要随着一点模糊不清的狐踪，就能准确无误地跟下去，在草丛中把狐狸惊起，追上去捉住。如果狐狸钻进洞里，它也能随着爬进去，咬着狐狸尾巴将其拖出来。

　　好的细狗一天能猎获10来只狐狸，最次的也能抓到两三只，而且这种猎狗还十分善解人意，它们知道狐狸皮毛很值钱，便专挑脖子等无关紧要的地方下口。

清代海东青和木兰围场

　　据说在清代康熙年间，康熙皇帝在五台山上礼佛，当时他住在台麓寺的行宫里。

　　黄昏时分康熙带着侍卫们在山下散步，突然一只斑斓猛虎从对面

■ 清代狩猎图

■ 清代刺虎图

快乐游艺

古老游艺与文化内涵

康熙 清圣祖仁皇帝，爱新觉罗·玄烨的年号。从1661年至1722年。"康熙帝"，清代第四位皇帝。康的意思是安宁，熙的意思是兴盛，取自万民康宁、天下熙盛的意思。清圣祖在位61年，是我国历史上在位时间最长的皇帝。重要政绩：除鳌拜；平定三藩；收复台湾；讨伐准格尔葛尔丹；组织人才整理和编辑《康熙字典》。

的山上一步一步走下来。

康熙见了，问随身的侍卫："老虎很凶猛，会不会伤人呢？"

侍卫们回答道："当然会了，伤人是老虎的本性嘛，尤其是在饥饿的时候，它更会伤人。"

康熙听了，便从侍卫手中取过弓箭，一箭射死了那只老虎。

老虎死后，康熙后悔了，他立即责备随身的侍卫说："你们遇事就是不动脑子，一般的老虎应该是从山上窜下来的，而这只老虎是一步一步从山上走下来的，很明显这只老虎是前来迎驾的，你们怎么说它是伤害人的呢？"

侍卫们都觉得有道理，为了向这只老虎表示歉意，康熙下令把死去的老虎抬进寺内庭院里，摆在一个特制的木架上供起来。他还下令在供桌上摆放堆积如山的供品，并每日与侍卫供拜它。

后来，康熙还将红崖村改为射虎川，当老虎肌肉腐烂后，人们用草木填进虎皮之中，用宝石镶嵌在虎眼里，还把它移到天王殿内供奉，这就是五台山"射虎川"的由来。

清代满族人有传统的狩猎习俗，他们的鹰猎是我国的文化遗产之一，具有非常丰富的历史与内涵。

满族使用鹰猎狩猎的习俗历史悠久，之前唐代，满族所属的北方少数民族就开始向宫廷贡奉猎鹰了。而从金代至清代，皇帝、朝廷大员和贝勒们都爱把海冬青架在肩膀上，他们耀武扬威地出门，很是威风。

海东青是一种性情凶悍的猛禽，是禽中之王。海东青又有"海东青鹘"、"海青"、"海青少布"、"白鹰"、"玉雕"、"玉爪雕"、"白玉爪"、"青雕"等称谓。

"鹰达"制度也就是捕鹰人要捕鹰、驯鹰，然后上交皇贡，同时用鹰去捕猎天鹅、狐狸和大雁等珍禽走兽，同样为了上交皇贡。

清代的鹰猎八旗，他们要长途跋涉到远东库页岛去捕捉雏鹰。

鹰巢一般都建在峭壁之上，人们捕鹰很是危险，后来康熙帝不忍心让鹰猎八旗再遭苦难，于是下令裁撤了这项徭役，改为捕捉成年鹰了，至清代末期，捕鹰习俗逐渐消失，但猎人还是会为了狩猎而去捕鹰。

在清代的皇室宫廷里有这样一条规定，凡是流放到辽东边地的

■ 狩猎聚乐图

■ 清代官员驯鹰图

衙门 旧时称官署为衙门。是由"牙门"转化而来。其别称是六扇门。猛兽的利牙，古时常用来象征武力。汉末时，"牙门"成了军旅营门的别称。这一名称逐渐移用于官府。唐朝以后，"衙门"一词广为流行。到了北宋以后，人们就几乎只知道"衙门"而不知有"牙门"了。

犯人，若能捕捉到一只海东青，就可以无罪释放。

可见当时的皇族重臣为得到海东青不惜重金，捕捉到海东青的犯人，除了可免除罪刑之外，要是有幸得到白玉爪献给皇帝，还可能一夜暴富。

在1657年，京师内务府在东北专门设立了"打牲乌拉"总管衙门，辖区面积7000平方千米，这个机构是专门为皇帝贵族采捕朝廷贡品的，同时也设立了捕鹰丁，也就是专门负责捕捉贡鹰的机构。

清代也曾有这样的规定，据说白玉爪的鹰类只能由皇帝豢养把玩，就连皇亲贵族也绝对不许染指，从中可见清代人们对猎鹰的使用也是有阶级性的。

康熙帝特别喜欢打猎，他尤其喜欢鹰，曾经赋诗赞美自己的爱鹰，诗写道：

羽虫三百有六十，神俊最属海东青。

性秉金灵含火德，异材上映瑶光星。

借由这首诗，康熙皇帝宣扬了武德，激励了军勇，更夸耀了海东青性情刚毅而激猛，说它的品质的

优秀可与天上的星星遥相辉映，它的力量之大，如千
钧击石，飞翔速度之快，如电闪雷鸣。由此可见海东
青在清代帝王眼中的地位非比寻常。

　　而乾隆在他所写的《海东青行》诗中也说："鸷
鸟种不一，海青称俊绝。"继康熙、乾隆以及后几代
皇帝，都有喜欢田猎并豢养把玩海东青的嗜好。

　　后来，清代贡鹰的习俗逐渐结束了，在民间捕
鹰、驯鹰、放鹰的习俗也很少见了。

　　而有关清代御用猎鹰"海东青"的图片和绘画作
品非常多，其中清代著名画家朱耷的《双鹰图》等作
品最为著名。

　　清代人鹰猎的生活非常艰苦，首先是捕鹰和驯
鹰。每到秋分前后，几场秋雨，东北天气渐渐寒凉起
来。风吹落树上的叶子，吹薄了天上的云层，草开堂
的时候就要到了。

　　草开堂是残酷的季节，往往一昼夜间，寒霜就
使万物凋零，所以寒霜又叫"酷霜"、"毒霜"。霜落

■ 田猎用的弓箭

■ 清代射箭图

草死之后，动物们却到了捕食的黄金季节，这时候，猎鹰人也要去捕鹰了。

捕鹰是生离死别的岁月，清代人通常都要到遥远的库页岛悬崖上去捕鹰。他们要冒着寒冷，到山上去搭建窝棚。窝棚其实就是在山上挖的坑，上面盖着树枝，中间拉出两根绳子。

捕鹰人在10米开外的地方把网支起来，网下拴着鸽子或野鸡。如果老鹰盯住了鸽子，飞进了窝棚，那猎手就会"啪"地扣住了网，鹰就被捉住了。

■ 狩猎装

因为隔得比较远，捕鹰人还要注意隐藏不被老鹰发现，所以捕鹰人其实是看不到鹰，他们只能听。所以无论怎样的酷寒，他们必须都要把耳朵露在外面，若是一位鹰把头的耳朵不能凭借叫声分辨出老鹰是公是母，那他就不是一个合格的猎手。

在清代时东北地区，猎户架鹰出猎一定要选在快到中午时分。一是为了缓解昨日架鹰出猎的疲劳；二是为了躲避北方的冻雾。

冻雾是长白山松花江沿岸特有的一种冻气。这种雾是透明的，人肉眼看不见，但能明显感到它融汇在气流中，使空气变得湿冷无比。

冻雾往往是在后半夜才开始有的，如果人一早出门的话，就好似一下子掉进了冰洞里，他的头发和皮肤立刻被冻得梆硬，胡子眉毛也立马挂了浓霜，那时的寒气吸进肚里像一把尖刀扎进肠子一般。人们在冻雾侵袭下，时间长了，恐怕要不了多久就无法忍受了。所以清代人捕鹰都要尽量躲避冻雾。

清代人捕到了鹰，他们就要开始驯化这只老鹰，又叫"熬鹰"，这个过程也是相当烦琐和困难的，而猎鹰每日的伙食也相当丰富，每只鹰一天都要吃8两牛肉。

在清代，捕鹰人虽然捕鹰却不杀鹰，因为他们一

鹰是肉食性动物，会捕捉老鼠、蛇、野兔或小鸟。大型的鹰科鸟类可以捕捉山羊和小鹿。它体态雄伟，性情凶猛，动物学上称它是猛禽类。在哈萨克族的传说里，鹰是唯一能直视太阳而不被灼伤的神鸟，他们相信，不论捕食或飞行，鹰永远是蓝天中终极的猎手。

■ 乾隆猎鹿图

■ 皇帝狩猎出行图

快乐游艺

古老游艺与文化内涵

塞北 我国传统文化泛指长城以北，也泛指我国北边地区。清代的塞北大约是漠南蒙古、漠北蒙古、科布多、唐努乌梁海与阿拉善盟等以蒙古族人居住为主的地理区域。塞是指边塞、要塞，这里所谓的塞是指长城以北。以长城为界，以北的部分已经算出了边塞，故名塞北，偶尔会与塞外一同使用。

直谨遵祖先遗训，还有捕鹰人杀鹰也是触犯律法的。

在每年春天，他们都要将鹰放飞，放飞鹰的时候，鹰和捕鹰人都会落泪，而鹰三四天都不离开捕鹰人的院子。在鹰的留恋里，有着人与动物的深刻情感。

田猎中除了特殊海东青文化之外，还有一些有名的围猎场所，其中最有名的是"木兰围场"，这个木兰自然不是花名，也与我国古代女将花木兰无关。

清代初期，木兰围场里有很多鹿，中秋节前后，猎人头戴鹿帽，吹起木制的笛哨，模仿鹿的声音去捕鹿，满语称之为"木兰"，其实就是"哨鹿"的意思。

清代人们在木兰"围场"狩猎时，猎人要潜伏在草丛中，戴上假鹿头，口中吹木制的长哨。他们吹出仿效雌鹿求偶时发出的呜呜声，或者用桦皮做的狍叫子，吹出小狍的"唧唧"音，引诱鹿狍以便捕捉。

"秋狝"一般是在每年的七八月间进行。古代指秋天打猎为狝，称春天打猎为搜，夏天打猎苗，冬天打猎为狩。"秋狝"也是清代皇帝打猎时的专用词，康熙曾写下"鹿鸣秋草盛，人喜菊花香"的诗句，用来赞誉木兰围场。

1677年秋天，康熙首次出巡塞北，他看中了这块地方。1681年，康熙第二次来围场，他划定了塞北这些地方，总共14万多平方千米的围场，还划分了72个小围场，并且每年举行"木兰秋狝"，并制定成祖制，定为家法。

木兰围场在塞北坝上草原，那里山川陡缓交错、草原丰美广袤，自然风光在这里构成了一幅绮丽的画卷。

木兰围场的开辟大部分都是蒙古族的游牧地，后来蒙古族将这片土地献给清代，再加上西部原属清廷的领地，这才构成了阔达10000平方千米以上的北方"木兰"猎场。

1683年，康熙第三次北巡塞外时，他第一次远上围场巡猎，自此开辟了木兰围场。自从康熙开围至1820年的138年间，清代历任皇帝共举行了大型的"木兰秋狝"105次。

帝王秋狝也不是纯粹地为行猎而取乐，在我国经典《国语》中就有"秋狝治兵"的说法，所以木兰秋狝也称"木兰习武"，借以训练

■清兵狩猎图

■ 乾隆皇帝射猎图

快乐游艺

古老游艺与文化内涵

道光（1782年—1850年），清宣宗，名爱新觉罗·绵宁，后改为爱新觉罗·旻宁。嘉庆病死后继位，是清入关后的第六个皇帝，是清代唯一以嫡长子身份即位的皇帝。在位30年。病死，终年69岁，葬于今河北省易县西部慕陵。

满族八旗将士，这也成为了清代的定制。

清代道光帝即位前，他曾经12次跟随皇帝进行木兰秋狝，可他即位之后却因晚清内忧外患，一次也没有到过围场。

显然，100多年的"木兰秋狝"曾经对于清代朝廷的强兵固防起到了一定的作用，但它的衰败和封建王朝的衰败一样，是大势所趋。

木兰围场，也就是坝上草原，它是花的世界，林的海洋，水的源头，云的故乡。森林草原美景，骑马狩猎让清代帝王们尽情领略纯自然的魅力。

夏天的木兰围场，茫茫草原，繁花似锦，徜徉其间，心旷神怡，不知有暑。9月的坝上，红叶满山，霜林叠翠，白桦幽幽。

而在冬季，林海雪原莽莽，万籁俱寂，春天的坝上，落陌荒凉开始孕育着生机更是一种悲壮的美。

其实，清代木兰围场的秋狝田猎活动，与元代蒙古族田猎颇有类似。

首先，清代皇帝们先从御林军中挑选3000名优秀的弓箭手，并让他们按照一定的顺序和间距，列队绕着山峰向山峰两侧扩展，围成一个直径3里的环形。

等所有的位置都固定了以后，让全体的弓箭手成一条线向前进。前面无论是谷涧，还是荆棘深丛，甚至是险陡的山崖，弓箭手们都要前行攀涉，不准他们左右窜动和离开队伍。

就这样，3000名弓箭手横越谷涧和山岭，他们把兽类围在这个环网中，再渐渐地围到一块没有树木的低地。

然后，3000名弓箭手连同王侯百官，步比步，肩并肩地穷追那些从栖息地赶出来的野兽。那些野兽东窜西逃也找不到逃路，终于力竭就捕。

康熙曾经用这种办法，仅半日间就抓住了300多只牡鹿、狼和狐狸以及其他野兽。

很明显，康熙打

御林军 也称"羽林军"，是古代护卫皇帝、皇家和皇城的特殊军队。始于汉武帝刘彻时期。此后，历朝历代的御林军多有变化，隶属系统、机构统领、职能权力和地位都不一样。在我国历史上每个王朝的都城中，围绕着皇宫展开的各种军事活动、警卫内容颇为频繁，而这支军队更是发挥了许多特殊的作用。

■ 乾隆皇帝狩猎像

驰骋山林

田猎活动

■ 清代官员狩猎图

嘉庆（1760年—1820年），清仁宗爱新觉罗·颙琰，原名永琰，清朝第七位皇帝，乾隆帝第十五子。年号嘉庆，1795-1820年在位。他在乾隆帝死后才独掌大权，很快惩治了贪官和珅，肃清了吏治。他在位期间是世界工业革命兴起的时期，也是清朝由盛转衰的时期。

猎，模仿了元代成吉思汗田猎的方法，只是田猎范围相比小了很多而已。

其实，清代王室源起于我国东北的长白山麓，他们世以"狩猎"作为练武和谋生的手段。

后来，皇帝为了防止八旗军贪图安逸，荒废骑射，清代帝王便恢复了古代狩猎和阅军的制度，不过这时用的不是射驭，而是骑射。

特别是康熙、乾隆两朝，更是非常重视狩猎，他们每年都要进行一两次大的狩猎活动。康熙还把几次平定叛乱的功绩，都归功于围猎训练的缘故，这说明了他本人的确是从练武的角度出发进行田猎的。

木兰围场建立后，自康熙至嘉庆的历代皇帝，包括从未到过木兰围场的雍正帝都曾严令"民人不得滥入""禁樵牧""禁伐殖"，并派八旗兵严加看守。

还进行了有计划的围猎，每次秋狝只择其中的十余围进行狩猎，其余众多围则是休养生息，令野生动植物得以繁衍恢复。

不过猎，不滥猎，在每次木兰秋狝时都严令随行军骑"遇母鹿幼兽一律放生"，设围时留有一缺口，令年轻力壮之兽得以逃生。每次围末，"执事为未获兽物请命，允其留生繁衍，收兵罢围"。

康熙帝选择木兰围场作为皇家猎苑，有其政治目的和战略意义。木兰围场北控蒙古，南拱京津，是历史上的战略要地。

清王朝自设立木兰围场之后，每年都要在这里以行围狩猎的方式演练军旅，同时推行"肆武绥藩"的国策，从而达到控制蒙古、震慑沙俄、加强民族团结、巩固北部边防的目的。

■乾隆皇帝哨鹿图

清朝官兵狩猎图

这时的木兰围场实际上已成为清政府的主要政治、军事活动场所，是北京—避暑山庄政治活动的重要组成部分。

1690年，康熙在这里举行了著名的平定噶尔丹叛乱的乌兰布通战役。

从1681年至1820年，康熙、乾隆、嘉庆先后来围场举行"木兰秋狝"105次之多。雍正在位13年，没有到过围场，但他遗嘱"后世子孙，当遵皇考所行，习武木兰，毋忘家法。"

阅读链接

木兰围场最初叫兴安。1863年，康熙陪伴祖母第一次来到木兰围场，他自己写下的纪事诗，名字叫《夏日奉太皇太后避暑兴安》，随后他行猎围场一个多月，也写下8首诗，题为《驻跸兴安八首》，而且在诗序中记述了围场的地理位置和自然景观。

不过，这个兴安仅是一种对木兰围场的泛称。"木兰"却是从满语"哨鹿"的发音衍生而来的。

围场的满语译音为"辉罕"，所以如果完全用满语译音，就读作"木兰辉罕"了。在清帝及文人的诗文中，也用阴山代称木兰围场的，因为塞罕坝在他们看来是阴山山脉向东延伸的一部分。

投壶游戏

　　投壶也叫"射壶"，是古代士大夫在宴饮时所做的一种投掷游戏，是一种从容安详、讲究礼节的活动，在战国时相当流行。投壶是用手将箭投进酒壶，用以代替古代的射箭礼仪。

　　投壶是我国古代礼仪文化的重要组成部分，这是一种既可以登大雅之堂，又能在平常人家玩的传统游戏。投壶游戏由商周时期的礼射演化而成，它有很严格的礼法限制，还需要有基本的一些器具，如壶、矢、酒、音乐等。投壶游戏作为一种正规的比赛，具有一定的过程与规则。

从商周射礼到春秋投壶

那是在春秋末期，也就是公元前531年，当时的晋国国君晋平公去世了，他的儿子晋昭公即位。按照战国时的旧制，新的国君登基，那些诸侯是要前去祝贺的。当时的齐景公、卫灵公、郑简公3位国君就一齐来到了晋国。

当时晋昭公就设宴招待远来的诸侯们，那时酒席宴上常规的礼节是不能少的，所以诸侯们就举行投壶游戏进行娱乐。当时是晋昭公先投，齐景公再投。

晋国大臣荀吴起来致辞说："有酒如淮水滔滔，有肉如水中小岛。我们国君若一箭投中，就要做各国国君

晋召公画像

的盟主。"

他说完以后，晋昭公进行投射，一下子就投中了。

同样身为一等大国国君的齐景公听了这个祝词，他心里很不高兴，执箭自己致辞说："有酒如渑水流长，有肉堆成山冈。我若一箭投中，我齐国就要替代贵国的昌盛。"

说完了这些话，齐景公也是一下子就投中了。

■ 齐景公画像

在春秋时期，人们的交谈都是通过委婉的话语表达出来的，他们通常采用《诗经》中的话。

后来，宴席结束以后，参加宴会的晋国大臣伯瑕埋怨荀吴说："晋国本来就是霸主，何必要以投壶中矢来证明呢？现在，齐国的君王在酒席上当面挫弱我们的君王，看来他们以后不会再来朝会了。"

荀吴立即反驳说："我国的军队非常厉害，将帅都非常英勇，士卒们努力勤勉。现在不还是和过去一样吗？他齐国哪有胆子违敢背盟啊？"

齐景公的祝词一方面是祝贺晋昭公国家兴旺，另一方面也暗含了对晋昭公盟主地位的不服。

由此可见，当时的投壶虽然有"揖让"这些礼节进行遮掩，可是骨子里却是在较劲。

这是春秋时期，著名文学家左丘明在《左传·昭

荀吴（约前567年—前519年），因为中行氏以前出自于荀氏，所以也称"荀吴"，史称"中行穆子"，他是荀偃之子。春秋后期晋国的名将，他曾经多次率军与戎狄部落作战，扫平晋国周边的游牧部落，对晋国发展和强盛有突出贡献。

《左传·昭公》

郑玄（127年—200年），东汉时期著名经学大师和大司农。幼年家贫好学，最终成为当时的大儒。后来，他潜心著述以古文经学为主的书籍，著有《天文七政论》、《中侯》等书，共百万余言，世称"郑学"，是汉代经学的集大成者。

公十二年》的一段投壶游戏记载。

虽然是诸侯们在投壶喝酒，两位国君却都想利用这个机会，来显示一下自己的实力和称霸天下的雄心。同时也说明，春秋时期的投壶之戏，不是光投壶即可，还要有一定的仪式。而每投必中，表明了他们在玩投壶游戏的时候已经熟练自如了。

投壶在春秋很是盛行。由于投壶活动是一种分输赢、决胜负的比赛，所以在春秋时，这项活动往往会染上一些政治斗争的色彩。

投壶起源于商周两代的射礼，也正是因为投壶游戏是从射礼中演变而来，所以早期的投壶依然带有炫耀武力的色彩。

后来汉代著名文学家郑玄在他所著的《礼记·投壶》中这样说："投壶是从商周时期射礼演化而来的。"

春秋时期的射礼其实就是宴会上射箭的礼节，它源于我国传统六艺之一的射艺，而射礼也属于射艺的一种。

射礼也叫"礼射"，它很强调礼仪的重要性，是一种带有较强的礼仪文化性质的射箭活动。礼射之礼也就是射的礼仪。顾名思义，射礼是一种以射箭为重点的礼仪，它融合了比赛、礼乐和宴饮等内容，专门用于选拔、竞技、宴宾和致礼等场合。

射礼在传统五礼中属于军礼的范畴，不过在周代叫作"嘉礼"。对于周代人们来说，刀兵之事是再平常不过的事情了，所以商周及春秋时期的人们都希望通过射箭来表示礼仪。

《礼记·射义》中也说：

> 通过射礼，可以看一个人的德行。射箭中的，是因为人志洁行廉，守持中正，谦而不踞。在射礼中内外兼修，是符合儒家思想的。

■ 古画射礼竞赛图

风雅礼仪

投壶游戏

■ 商代射礼石像

卿 本义是飨食，从字形上意思是"陪着国君吃饭的人"。后来，它也和"相"一样，变成了一种高级官职的名称，也称"上大夫"。汉代以太常、光禄勋、卫尉、太仆、廷尉、大鸿胪、宗正、大司农、少府为九卿，都是当时的高官，分掌具体的行政事务，属于我国古代传统官职的重要部分。

在上古时候，射箭其实是用来征服野兽、抵御外敌的。

春秋时期人们擅长弓矢技艺，射术所占的分量自不用说了。那时候，射术成为选士的基本标准之一，而且古人重礼，因而也就创制了射礼。

商代社会是非常重视射礼的，当上层官员和卿大夫们生了个男孩子时，他们就要在门上挂上一张弓，并且用6支箭向天地四方各射出一支，表示这个男孩子长大后，要使用弓箭去征服四方。

商代的射礼一般分为多个系列，并且它们适用的场合与意义也都是完全不一样的。这就产生了一个问题，投壶究竟是从哪一种射礼演化而来的呢？

商代射礼包括大射、宾射、宴射和乡射4种，这也是华夏射礼的起源。

大射是天子、诸侯、卿和士大夫祭祖和祭神前所设的活动，周代的人们以射术选择参加祭礼的贡士。

宾射是天子因诸侯来朝而举行的射礼，宴射是天子与群臣宴饮休闲娱乐之射，而乡射又叫缮射，是民间举行乡饮酒礼时所行的射礼。

这4种射礼仪节有别，它们所用弓、箭、箭靶和乐舞等都不一样。也就是说，在天下太平的时候，就用于礼乐成为国家礼仪性的活动。

如果遇到了打仗，那它们就可以用于战争。无论从那一个方面讲，它们都含有明确的军事政治目的。

对于投壶是从哪一种射礼演变而来这个问题，人们的分歧和理解都不一样。

一种说法认为，春秋时期的投壶是从商代的大射和乡射演化而来。而大射、乡射这两项礼仪，是商代奴隶制国家自上而下的军事训练制度。

大射、乡射这样的活动，都要搭弓射箭，它们可

贡士 对古代中央一级科举考试中试者的称呼。原是指古代诸侯推荐给天子的学士。唐宋时期，科举考试中试者称"乡贡士"。明清时期，会试中试者统称"贡士"，但他们还不能做官，必须再经吏部考试，合格以后才能入仕，属于我国古代科举制度的重要部分。

■ 商代射礼青铜龟

风雅礼仪

投壶游戏

戟 一种我国独有的古代兵器。实际上它是戈和矛的合成体，它既有直刃又有横刃，呈"十"字或"卜"字形，因此它具有钩、啄、刺、割等多种用途，其杀伤能力胜过戈和矛。它在商代就已经出现了，西周时也有用于作战的，但是不普遍。至春秋时期，它已成为常用兵器之一。

以在室内、堂上和庭院里进行，不过，射箭需要一个较大的场地，需要较多的器具，而且还具有一定的危险性。

由于客观条件的限制，射箭显得不是很方便，于是有人就采用了以手投箭入壶，用壶代替箭靶的游戏方式。就这样，投壶游戏产生了。

汉代著名文学家郑玄曾经说过："投壶就是在习武中进行娱乐的活动。"这正好可以印证投壶的来源。

还有人认为，投壶并非用箭射靶，而是以箭投壶，而投壶相应的手势动作都与射箭毫无关系，所以他们说，投壶不应该是从射礼中来。

从投壶的有关规则上看，它其实是一种近距离的

■ 骑射俑

投掷游戏，最远的距离不超过3米，近的只有1.6米或者2.3米，根本起不到投掷武器，如标枪、匕首、戟那样的效果。从这点来看，投壶与校场上真枪实箭的习武是毫无关系的。所以，还有一种说法认为，投壶是从宴射演化而来的一种礼仪活动。

■ 投壶图

据《周礼·春官·乐师》记载："宴射就是参与者在宴席上进行射箭的一种礼仪活动。"其实，宴射是诸侯招待国宾时，他们一起在宴会场所举行射箭比赛，并借此机会观察双方对军事训练是否重视的一个活动。

由于宴射活动耀武扬威的色彩过于明显，与宾主宴会的氛围不太协调，所以就改为了投壶。

投壶这样一种快乐的活动，再配上文质彬彬的礼节和柔美的音乐，就可以达到让客人高兴的目的，还能够让客人多喝上几杯。同时，也能够向客人展示自己的实力。

春秋时期，在各种大的宴会上都要进行射礼，主人请客人射箭是诸侯宴请宾客时的最重要礼仪之一。自天子、诸侯及至大夫，他们各有都有不同的射礼仪式。第一，不能参加的人必须说明缺席的原因；第

大夫 古代官职名。先秦诸侯国中，在国君之下有卿、大夫、士三级。大夫世袭，有封地。后世以大夫为一般官职之称。隋唐以后以大夫为高级官阶的称号。清朝高级文职官阶称大夫，武职称将军。宋徽宗时期，在医官中设置"大夫"官阶，至今仍沿称医生为大夫。明、清职事官不用大夫为官名。

■ 投壶

射礼 也就是古代的射箭礼仪，是我国传统礼仪文化的重要形式，是我们民族气质、性格和思想的重要表达载体。它倡导人格塑造和人的精神的文明，讲究谦和、礼让和庄重，重视人的道德自省。它本质上是一种健康道德的巧妙导引方式，是华夏先民寓德于射、寓礼于射、寓教于射的珍贵的人文实践成果。

二，成年男子不会射箭被视为耻辱，当主人请客人射箭时，客人是不能推辞的。

除了以上两种说法之外，还有一种说法。这种说法也同意投壶是宴射礼的演变，但是关于演变的原因，却持有另外一种想法。

这种观点则认为，不是为了取悦宾客才把宴射变成投壶的，而是由于奴隶主阶级渐趋腐化，许多人根本就不懂射艺，甚至他们根本就拉不开弓，上不了马了。

再加上射礼对场地有特殊的要求，因此，射箭渐渐不能满足娱乐的需要了，于是有人就想出了用箭投酒壶的方式来作为代替。就这样，射礼成为了投壶礼，投壶礼也就产生了。

投壶既可以娱乐，又代表礼仪，而且对环境要求相对简单，因此投壶礼一出现，它就大受欢迎。久而久之，投壶就代替了射箭，成为宴饮时的一种游戏。各国诸侯都非常喜欢这种新型的投壶礼。

此外，还有的论者认为投壶本与射礼一样，是古代圣人创制的一种既可用于平民，也可以用到官绅的全民性活动，它的目的在于让人们得到心灵的中正平和。后人就专门对投壶礼对人心理的作用进行了描述。

北宋时期大儒司马光在《投壶新格·序》中，阐释了投壶要领与治心修身的关系。

他这样说：

> 投壶活动，不能超过，也不能达不到，所以符合中庸的思想。还不能射偏，这又符合儒家"正"的思想。在进行投壶活动的时候，人们平心静气，非常谨慎小心，又合乎礼仪，保持一种中正的姿态。练习投壶，难道说不符合治心之道吗？

比较前几种说法见解，最后这种观点的影响更大。投壶在战国时得到相当发展，当时的文人倾向于内心修养，投壶这种从容安详、讲究礼节的活动，正适合他们的需要。

商周的射礼演变成了春秋时期的投壶游戏，投壶开始在春秋时期出现了。

春秋时期的投壶游戏是春秋时期诸侯和士大夫们在宴饮间的一种娱乐活动。它需要有基本的一些器具，如壶、矢、酒、音乐等。

投壶游戏作为一种正规的比赛，具有一定的过程和规则。

而我国最古老的典

圣人 指被大众认为具有特别美德和神圣的人。在我国，古代圣明的君主帝王，以及后世道德高尚儒学造诣高深者，才能被称为圣人。严格来说，它是指知行完备、至善之人，是有限世界中的无限存在，总的来说，"才德全尽谓之圣人"。这个词语最初是由儒家提出来的，所以它的原意，是专门指向儒家的。

■《礼记》

■ 铜鎏金射壶

籍之一《礼记》中就详细地记载了古时的投壶活动。《礼记》记载，投壶是一种古代礼仪，是春秋时期主人待宾娱宾的一种方式，一般是主人捧着一束箭，恭候在一旁，然后请宾客依次持箭投壶。

春秋时期的投壶口广腹大、颈细长。在壶中装满小豆，这可以使投入的箭杆不会跃出。箭矢的长度以扶为单位，一扶约相当于4寸。箭矢分5扶、7扶和9扶。一般投壶时，环境光线越暗距离越远，那么所用箭矢也就越长。

春秋时期的投壶游戏的要求很多，首先，它要求参加投壶的宾主，包括侍从都要受到礼法的约束。他们不能懈怠、不可傲慢、不准谈论其他事，否则，就要受到惩罚。

这种对投壶恭敬谨慎的态度，正是我国春秋时期圣人孔子所倡导的恭近于礼的思想。

其次，投壶游戏的礼节也很烦琐。在投壶之前，主客之间要请让3次才能进行。开始投壶时，主人恭词相请，一般都会说家中备有"枉矢哨壶"，要用来娱乐贵宾。

恭近于礼 我国古代一种传统思想，最早由孔子所说的，意思是讲信用要符合于义，这样话才能实行，对别人恭敬要符合于礼，这样才能远离耻辱，这句话出自《论语·学而》一篇。

"枉矢哨壶"当然是一种谦称了，其主要是指粗鄙简陋的壶和箭。而事实上，主人备办的壶和箭都是至精至美的。

客人在投壶时，专门有管计数算筹的人面东而立。如果主人投中一次，计数的人就从装着记数竹签的器皿里抽出一支丢在南面。而如果客人投中一次，计数的人就把竹签丢在北面。

最后由记数的人根据双方在南、北地面上得竹签的多少来计算胜负。两签叫一纯，一签叫一奇。如果主人投中10支，报数时称为"五纯"。如果客人共中9支签，报数时称为"九奇"。

结果，常常是主人胜客人一筹。如果双方得签数相等，叫作"均"，报数时称为"左右均"。这也正符合孔子对礼节形式的重视。

据说在春秋时，子贡对每年表面形式化的祭祀很是不满，他认为那是在浪费食物，而孔子对他说："你认为羊重要，我认为礼才重要。"由此可见，孔子强调了礼仪形式的重要性。

实实上，投壶游戏并不是一般意义上所说的竞技运动，而是兼有儒家修德养性的要求，这才是符合我国古

算筹 一根根同样长短和粗细的小棍子，多用竹子制成，大约270多枚为一束，古人将他们放在一个布袋里，系在腰部随身携带，需要记数和计算的时候，古人就把它们取出来，放在桌上摆弄。算筹在我国经历了一个漫长的历史发展过程，对我国数学和科学的发展都有过突出的贡献。

■ 投壶

■西周青铜贯耳壶

代实际的投壶游戏。

春秋时期，投壶正式形成之后，人们又开始说"雅歌投壶"这个词，可见春秋时期，人们在玩投壶游戏时，一定是要伴奏的。

《礼记》中记载，当时伴奏的是《狸首》，这只是一种音乐节奏，不含歌词。不过这种音乐已经失传了，不知道是什么样子，但是作为一种娱乐，不可能是仅有这样一首音乐来伴奏的。只要能够仔细地分析当时的环境，应该就能大致分析出投壶时的音乐种类。

因此，在这么一项讲究礼仪与秩序的竞赛活动中，所演奏的音乐应当是既典雅而又不失活泼的，因为在宴席上投壶也只是作为娱乐形式存在的。

在考据古人投壶时所用的音乐时，必须要考量春秋时期的主要音乐，再从中找出适合当时投壶活动的音乐。

春秋时期的官方音乐，其范围大致出不了《诗经》，因此只在《诗经》中进行分析就行。《诗经·小雅》中的《鹿鸣》、《白驹》分别为君主宴请臣子和主人挽留宾客的歌乐，表现了当时宴会上和睦融

《狸首》上古逸诗中的名篇。上古行射礼时，诸侯歌奏《狸首》作为射箭的节度。据说昔日周武王召集诸侯兵马，令他们演习射箭。他让士兵排成队列，然后让乐工吹奏《狸首》使士兵向左射箭，所以它起初是周代士兵练习射箭时的一个节拍音乐。

洽的气氛。这两个乐曲雅致轻快，如果用在投壶游戏时，应该是没有问题的。

《诗经·国风》的《采蘩》是描写有关祭祀的事宜的乐曲，这种音乐也应显得比较典雅、端正。因此在正式的宴会场所，也是适合投壶游戏的。

《诗经·召南·鹊巢》描述了古代贵族女子出嫁时盛大而喜庆的场景，节奏应该是欢快、热闹的，这首乐曲可以用来助兴。《诗经·驺虞》热情洋溢地称赞了猎人的射击本领和高超技艺，这用于投壶礼也是十分合适的。

至于《诗经·伐檀》，诗中多反问句，充满质

《采蘩》 《采蘩》是《诗经·国风》中的一首诗歌。这首诗写得很妙，读来却只觉得酸涩。古代的祭祀排场，原本就为鬼神"降福"贵族而设的，所以这诗是贵族夫人自咏之辞，说的是尽职"祭祀"的事。

079

风雅礼仪

投壶游戏

■ 《诗经·小雅》

问的口吻，强烈地表达了当时劳动人民对统治者不劳而食的愤慨与怨怒。如果按其内容意义用在投壶游戏上，显然就很不合适了。

所以在投壶礼上不能演奏《诗经·伐檀》，其原因主要是在于它的音乐旋律和歌词节奏并不适合投壶。

《礼记·投壶》说道：

投壶的时候，主人命令乐师弹奏《狸首》来进行伴奏。

因此，投壶礼仪是对伴奏音乐有严格要求的。而在《伐檀》全诗3

■ 投壶娱乐

■ 儿童玩投壶游戏

章，采用回环复沓、反复咏叹的节奏，诗中句式长短错落有致，每个小节的4字句、5字句等遥相对应，十分整齐，舒卷自如，极富感染力，酣畅淋漓地表达了创作者内心的不平与愤慨。这样的节奏，显然并不适合投壶时的伴奏。

《伐檀》 魏国的民歌，为《诗经》中最为人们熟悉的篇目之一，较多反映了社会中下层民众对上层统治者的不满，是一首嘲骂剥削者不劳而食的诗。是《诗经》中反剥削反压迫最有代表性的诗篇之一。

阅读链接

关于投壶的文献记载，古籍中记载详尽，极具参考价值。但远古上古时期并没有关于投壶的记载，最早只有春秋时期著名文学家左丘明所著的《左传·昭公十二年》中有一段投壶的记载，就是前面提到的"有酒如渑水流长，有肉堆成山冈"那个故事。不过，这里并没有提到投壶游戏的具体过程。

在上古至春秋这一漫长时期里，我国的王公贵族宴饮时设有射箭比赛，进行娱乐，但是活动空间、参与人数不足时，就会做投壶游戏。也就是说，投壶既是游戏也是礼仪。所以，现场的音乐一定不能超越礼的范围。

战国盛行的投壶礼法

传说在仙界的大荒山中，有一座巨大的石室。这个石室中，住着一位神仙名叫东王公。他的身形像人，但他的脸像鸟，屁股上又长着一根老虎尾巴。他经常骑着一只黑熊在大荒山中奔驰，十分威风。

■ 东王公画像砖

而在神仙之中，玉帝是主宰一切的，而东王公也接受玉帝的分派，他主管人间万物的生长。当东王公心情好的时候，天下便风调雨顺，世间的万物都苗壮成长，五谷丰登，百姓都能安居乐业。

但若是东王公发起怒来，人世间不是连年干旱，便是洪水泛滥，到处灾祸不断，百姓流离失所，苦不堪言。

东王公除了定期到天宫去朝拜

玉帝以外，平日都在大荒山的石室中修炼。他十分寂寞，好在他有一个名叫玉女的侍妾，玉女长得十分漂亮，东王公也很喜欢她。为了消遣，他经常同玉女一起玩一个叫投壶的游戏。

这种投壶的游戏，在战国时期的人间也十分流行。一般贵族在酒宴上请宾客玩的一种游戏，他们通常都会设一把特别的壶，主人和客人轮流拿着箭投向壶中，看谁投中的箭多，谁就是胜利者，而谁投中的箭少，他就要被罚酒认输了。

但是，东王公的投壶游戏，要比人间这种壮丽得多。

他在石室中安放着一把巨大的酒壶，他和玉女手中各拿着1200支箭，每掷一次箭，1200支箭同时向壶口飞去。如果这些箭全部投中，上天就保持沉默，如果有一支箭没有投中酒壶，天就会发出嗤笑，这时，人们在下界看到的便是电闪雷鸣。

这是古代战国时期的一个传说，这传说中的投壶是我国战国时期盛行的礼仪游戏。也叫作"射壶"，投壶是我国古代酒宴中经常使用的娱乐器具，是古代传统礼仪文化的重要组成部分。这是一种既可以登大

■ 东王公西王母纹铜镜

东王公 与西王母共为道教尊敬的大神，又称"木公"、"东华帝君"等，究其源，可追溯至战国时期，当时楚地信仰"东皇太一"大神，又称"东君"，也就是神化了的太阳神，这便是东王公的前身。是我国古代神话中的男神，后经道教增饰奉为男仙领袖，道教南、北二宗则都奉他为始祖。

■ 投壶

快乐游艺

古老游艺与文化内涵

大雅之堂 在我国传统思想认为的、那些被人看重的、不粗俗的事物，也就是相对高雅的事物，或者指相对高尚雅致的地方。字面上通俗的意思是高雅的厅堂，有时也比喻高的要求和完美的境界。

雅之堂，又能在平常人家玩的传统游戏。

投壶游戏是战国时期宴会上的一种助酒兴的娱乐活动，也是战国时期的重要礼乐活动，是从上至天子下至士大夫在宴饮中常用以娱乐宾客的活动。

在投壶游戏开始之前，人们要首先指定一个司射，也就是裁判。然后，由主人向客人提出邀请，而参加游戏的客人，他们每人手中都拿着4支用树枝做成的箭杆。之后，这些客人站在规定的距离之外，他们依次向壶内投掷。

有时主人为了增加难度，他常在壶内装上了又小又滑的豆子，如果用力过猛，即使客人将箭投入了壶内，也会被反弹出来。4支箭全部投完为一局，每次比赛进行3局，以投中多者为胜，败者则要被罚喝酒。

战国时期的投壶活动富于情趣，又讲究极多。宾客按照顺序持箭投壶，他们决出胜负后，负者便责无旁贷地按规定饮酒，而且不能耍赖。

在饮酒时，一旁助阵的乐工还要兴致高昂地齐奏古乐《狸首》，那场景极为热烈。饮酒的人要恭恭敬敬，他们跪着端起酒杯，然后一饮而尽，称为"赐灌"。

投壶赢的人也要郑重其事地跪在一边，称为"敬养"。当然，这些都是战国时投壶的规定。而投壶进入普通百姓家成为他们平时的游戏后，礼的作用便削弱了，仅仅是出于娱乐助兴，也就没有了这样的繁文缛节了。

最后，主人要为宾客演奏乐曲。在儒家那里，礼和乐总是合在一起说的，事不成，那么礼乐不兴，礼乐不兴，那么刑罚也就不能推行，只有做完了这一切后，整个投壶过程才算完成。

接着可以进行下一轮了，投壶一次接一次地进行，即便嗜酒如命的酒徒也挡不住一次次的罚饮，最后便会烂醉如泥。当然，任何有身份的人都不愿在这样的场合出乖露丑，所以他们都想在投壶中争胜，因此平时古人就对投壶活动进行训练。

其实，投壶是为了追求人与人的相互礼让与虔敬，提倡以君子之风相处相争，同时起到娱悦身心、丰富礼宴娱乐的作用。

据人们推测，战国时期的投壶游戏可以简单地分为

■ 投壶样式（之一）

■ 投壶样式（之二）

快乐游艺

古老游艺与文化内涵

3种，标准型、简易型和表演型。三者之间是有一定区别的。

标准型投壶，以《礼记》等礼仪经典的记载为依据，结合现实条件，适当调整，使其成为日常可习可行的民族礼仪与娱乐活动。

简易型投壶，要求尽量简化，使投壶简便易行，相应地使用一些代用品为投壶工具。简易型投壶主要是一种宴饮娱乐活动。

表演型投壶活动，它忠实地复原了经典礼仪和典籍中的记载，对礼器使用、礼仪程序都是非常严谨和规范的。

当古人进行投壶活动时，他们首先得有一定的依据，不能随意。这种游戏在古代有固定的规则，所以可以根据这些规则，进行适当的调整。

首先是要进行事前的准备工作。投壶是在宴饮时进行的礼仪，行礼者都应该穿汉服礼服，这是基本的规定。参加的人员主要有主人、宾客、司射和乐工等。

主人也就是投壶礼的主持者，宾客便是投壶礼的参与者，司射是投壶礼时具体的指挥者，乐工便是在一旁演奏音乐的人。

经典 经典是指具有典范性、权威性的著作。也就是经过历史发展而被选择出来的"最有价值的书"。

除了这4种人员，还有有进行投壶游戏的器具，也就是礼器的准备。首先，主人要准备投壶数尊，金属制、陶瓷制的投壶等都可以。

一般准备的投壶都在壶中盛以小豆，这样使箭矢投入后不至于弹出来。投壶的标准尺寸是壶颈长0.2米，口径8.3厘米，壶高0.4米，容量5升，壶腹直径16.6厘米。尺寸都是周代规定的，后来战国的投壶直接沿袭了周代的规格。其次，主人还需要准备若干支箭，至少要有8支以上。

古礼上要求必须是以柘木制的箭，但古人可以不必拘泥这些，他们用竹、木等都可以，将竹、木削成箭矢的形状。箭矢长0.2米，首端锐，尾端钝。

壶与矢是投壶最重要的礼器，它们的制作应该尽量精美。另外还要有若干个"算"。

"算"就是进行计数用的工具，一般用竹木的小片就行。

当然，投壶一定要准备美酒和酒杯，以供宾主在投壶游戏中饮酒时用。

等一切器具都准备就绪后，投壶游戏才正式开始。首先是宾主就

■ 投壶样式（之三）

087

风雅礼仪

投壶游戏

汉服 又称"汉衣冠"，汉族的传统服饰，也称为"汉装华服"等，是从黄帝即位至明末这4000多年中，以华夏礼仪文化为中心，通过历代汉人王朝推崇周礼、象天法地而形成千年不变的礼仪衣冠体系。

■ 投壶样式（之四）

位，宾主来到各自席位上，标志着投壶活动的开始。

在开始游戏前，主人和宾客要进行三请三让。一般是这样的，主人捧着箭来到宾客面前为了体现古韵，主客问答都需要用古语对答。

主人先说："某有枉矢哨壶，请乐宾。"

宾客回答说："子有旨酒佳肴，又重以乐，敢辞。"

主人又说："枉矢哨壶，不足辞也，敢以请。"

宾客说："某赐旨酒佳肴，又重以乐，敢固辞。"

主人说："枉矢哨壶，不足辞也，敢固以请。"

宾客说："某固辞不得命，敢不敬从？"

等三请三让之后，宾客向主人行拜礼，他们接受主人奉上的4支矢，然后主人答拜，宾主相互行揖礼。当这样礼仪性的活动进行完毕之后，主客回到宾主席上正坐，他面对投壶所在的方位，做好投壶的准备。

这时候，司射把两尊壶放到宾主席对面的席子上，投壶距离主宾席位的距离为两尺左右，分别正对着宾客与主人。然后主人返回自己的席位。

接下来司射向主人和宾客宣布比赛规则，一般规

快乐游艺

古老游艺与文化内涵

揖礼 属于古代相见礼的一种，据考证大约起源于周代以前，有3000多年的历史了。周武王伐纣灭商而建立了周代，武王死后，他的儿子周成王年幼即位，由叔叔周公旦摄政。周公旦采取了许多有力的措施来巩固政权，他建立了周代的各项典章制度和礼乐制度，其中就有揖礼。从此，揖礼开始大行于天下。

则如下：投壶之礼，需要将箭矢的前端投掷入壶内才算投中，人们要依次投矢，抢先连投者即便投入也不予计分，投中获胜者有权利处罚不胜者饮酒。

当规则宣布完毕后，司射开始命令乐工演奏《狸首》，他宣布比赛正式开始。《狸首》是《诗经》名篇，不过后来失传了，所以可以用琴曲《鹿鸣》来替代，投壶的动作要与音乐节奏要相和。

宾主依次投壶，他们将所有的箭矢投完，也就是一局，然后开始计算成绩。

司射在宾主投壶过程中同时计算成绩，当有投入的人，司射就将一枚算筹放到一侧的地上。宾客投中就放在右边，主人投中则放在左边。

当宾主投完后，司射说："左右都已投完，下面开始宣布成绩。"

这时司射才开始宣布，比如哪个人比另一个人多几纯或者几奇，平局就说结局为均。

当司射宣布完比赛结果，就该到饮酒的环节了。

这时司射说："请胜者为不胜者酌酒。"

此时，胜者开始罚败者饮酒。胜者为败者在酒爵中斟满好酒，然后他们双手奉上，败者接过后必须说："赐灌。"

胜者也要回答："敬养。"

《鹿鸣》 古代春秋战国时期大宴群臣宾客的诗篇和乐曲，表达了主人热情好客，宴会上愉快融洽的气氛，是《诗经》中的名篇。三国时期文学家曹操的《短歌行》中"呦呦鹿鸣，食野之苹"，也是出自在这里。

089

风雅礼仪

投壶游戏

■ 投壶样式（之五）

■ 铜投壶

瓷器 瓷器是一种由瓷石、高岭土、石英石、莫来石等组成的，外表施有玻璃质釉或彩绘的物器。因为它不透水，有较为低廉的成本和耐磨等的特性在我国被广为使用，是中华文明展示的瑰宝。多姿多彩的瓷器是我国古代的伟大发明之一，瓷器的精美绝伦完全可以作为我国优秀文化的代表。

这时，败者才将罚酒饮下。当主人和宾客喝完酒后，第二轮投壶才开始，方法同上，直至宾主尽欢为止。

由于标准型投壶相对还是很复杂的，需要相应的器具，所以还有一种简易型投壶方案，便于随时操作。

投壶起源于儒家射礼，因为射礼不易操作，而且诸侯射艺通常不精，于是就采用一种较为简单的方式来代替。因为如果按照《礼记》的规定进行投壶，显然是特别烦琐的。

作为一种日常宴饮的娱乐活动，投壶简便易行就可以了，仍然不失为一种高雅的宴饮娱乐。其实，即便在投壶比较盛行的战国时期，人们真正按照《礼记》上的规定，进行投壶的次数也为数不多。

而简易型投壶是在标准型投壶的基础上进行简化，很多古法必需的器具都可以使用一些代用品。首先，投壶可以瓷瓶或者水瓶来代替，而有两支箭矢轮流使用就行了。

箭也可以用竹子制成，长度在0.2米左右，头端裹上棉布以提高命中率。其中最简单的办法则是用筷子做箭矢，毕竟筷子每家每户都有的。

"算"可以用竹签代替，还可以用石子或其他器物代替，甚至演奏乐曲的环节可以省去。只需要开始时主人和宾客相揖后就位，投壶时客人于席上依次投壶，然后用竹签计算成绩，等罚酒时胜者再向败者罚酒，这样过程就简便多了。

其实，这个投壶游戏的简化过程方案，基本上也与古法中大致相似，这种简单的投壶游戏对于我国投壶文化的继承是非常有意义的。

投壶之礼这种古代礼乐文化具有很强的生命力，这种生命力体现了一种演变和延续。投壶这种礼在长期的发展过程中，礼的成分逐渐减少，游戏娱乐的成分逐渐增加。从有关的文献和出土的实物等方面，我们可以看到投壶游戏的不断变化。

而历史上的文人骚客也有记载投壶游戏的文章。如《礼记》中的《投壶》篇、北宋著名史学家司马光的《投壶仪节》等。

特别是三国时期一个叫邯郸淳的人写的《投壶赋》，他将投壶者们身手不凡的投技和妙趣横生的场景描写得惟妙惟肖，淋漓尽致。

战国时代投壶之风盛行，战国时著名思想家淳于髡说："在男女杂坐、六博投壶之时，人们可以饮下八斗之酒却只有两分醉意。"可见投壶之戏，竟然可以为古人

仕女投壶图

■ 投壶用具

助酒兴。

其实，他说此话的目的是向齐威王褒扬自己的能力。当时，齐国遭到楚国的攻击，淳于髡临危受命，他被派遣去赵国请来了10万救兵，楚军知道后，连夜引兵回去了。

淳于髡回国后，齐威公为他庆功。在宴会之上，齐威公问淳于髡喝多少能醉时，淳于髡就说了此话。

这些说法虽然都说得头头是道，其实都没有能够脱离注经释义的范围，这大概由于投壶已经载入经典，所以大家只能认定它是"礼"的一种。

投壶本来是产自民间的一种游艺或竞技活动，然后才被纳入礼的范围并加以规范。

后来的晚清学者章太炎在他所著的《经学略说》中说："汉代《礼记》中有投壶的记载，《礼记》的作者西汉戴德和戴圣两个人都是从西汉经学家后苍那里得到的真传。他们知道17篇是不够的，所以他们都在自己的书里加入《投壶》、《奔丧》两篇文章。"

■ 投壶用的箭头

快乐游艺

古老游艺与文化内涵

大戴戴德有84篇，小戴戴圣有49篇。戴德、戴圣所传同门，为什么《礼记》的篇目会不一样呢？对此，人们的看法不一。

因此有人怀疑，《礼记》是后人伪作的。《伪书通考》、《古今伪书考补正》中都有《礼记》是伪书的记载，只不过断言它们是伪作的理由并不充分。

■ 章太炎墓碑

风雅礼仪

投壶游戏

而大、小戴的《礼记》中有关于投壶的记载，文字基本相同。最大的差异是小戴的《礼记》中有鼓谱，而大戴的《礼记》中却没有。

在战国时期，古文献中还对投壶的时间和地点有明确要求，说投壶要随着光线的明暗有所不同的。

在后来清代张沐所编写的《礼记疏略》中有这样的记载：

> 投壶有三处，在正午时分要在室内投壶，傍晚时就要在大堂内投壶，天黑的时候就必须在庭院内投壶。

而这段文献中还规定，用于投壶的箭，因在所处

淳于髡 战国时期齐国著名的政治家和思想家，主要活动在齐威王和齐宣王之际。以博学多才、善于辩论著称，是稷下学宫中最具有影响的学者之一。他长期活跃在齐国的政治和学术领域，曾经对齐国新兴封建制度的巩固和发展，对齐国的振兴与强盛都做出了重要的贡献。

■ 投壶游戏

的场所不同，规格也不一样。文中说：

　　　　　筹，室中五扶，堂上七扶，庭中九扶。

张沐 清代初期
的官吏。1658年
的进士。康熙元
年，即1622年，
他被授予直隶内
黄知县，颇有政
绩。退休后，他
在河南主持讲
学，四方的学士
欣然而往，声望
很高。后来，他
著书立说，多有
成就。

　　其中的筹就是指箭，一扶就是指四指那么长。投
壶的壶离投箭的席约7尺。做箭的材料也极为考究，
一般箭要用柘木、棘木制成。除此以外，史书中还详
细地记述了投壶的术语和规则。

　　战国时期魏国文学家邯郸淳在他所著的《艺经》
中说：“投壶以12筹为限，象征一年中的12个月。在
投壶娱乐中还要讲究声势，投壶以击鼓为节。”

　　在关于战国时期投壶的专业考古中，也有很多已

经出土的投壶器具值得参考和借鉴。

后来，在河北平山三汲乡战国时期的中山王墓中，又出土发现了一件我国最早的铜投壶。

这件投壶是造型别致的三犀足筒形器，它的底部基座是3只雄姿威猛的矮足独角犀，壶的形状呈圆筒形，两侧附有一幅首衔环。这件投壶遍体饰有生动流畅的细线变形山字花纹，平口深腹。

此壶高0.59米，口径0.20米，筒形腹上有"左使车工本"5个字的铭文。在这件器物刚刚出土的时候，人们并不知道它到底有什么功用，后来专家学者们经过考证断定，这件三犀足筒形器铜器，应该就是古代的投壶。

而《礼记》中所记载的关于青铜投壶的外形，与这件出土的铜器刚好完全吻合。

另外，在三国时期魏国文学家邯郸淳的《投壶赋》中也有"厥高二尺"的记载，记载中的高度和这个铜投壶是一样的，也佐证了这件铜壶就是战国时期的投壶。

而且同在中山王墓中，还出土了一件较小的铜筒形器，高约0.4米，口径约0.1米，器物上下各有一道斜格云纹，两侧也各有一铺道衔环，半口深腹，中空，

■ 青铜贯耳壶

快乐游艺

古老游艺与文化内涵

■ 青铜投壶

这与三犀足铜投壶形制相同，只是没有三犀足。

人们认为，这也是一件小型的铜投壶，这两件器物距今已有2000多年的历史。

其实在战国时期，投壶所用的壶跟酒壶是通用的，一般多是铜质或陶质的。

在河北燕下都遗址中，还出土了一个硬陶壶，它属于仿青铜器式样，它的足部有一约0.02米高的足圈，总高0.31米，这便是一个战国时期陶瓷的投壶。

而在诸城臧家庄战国古墓中出土的一件青铜投壶，被专家鉴定为国家一级珍贵文物。

通过这个已经出土的投壶，可以得知，古代投壶的外形如同日常生活的酒壶和水壶，它口阔，肚大，脖子细长。而诸城出土的这件投壶无论造型设计，还是铸造工艺，都别具一格。

该壶高0.35米，口径0.34米，它采用了直筒式的外形，口、颈、腹连为一体，这打破了壶的传统形式，给人以面目一新、超凡脱俗的感觉。

这件投壶的壶身奇特，花纹装饰都采用镂孔透雕、平面底纹、素面宽带3种方式相间组成。它的瓶身层次分明，繁而不乱。它的腹

壁外侧装着两个对称的铺首衔
环，底部采用二层台式的高圈
足，犹如给壶装上了一个稳定
的底座。

　　这件投壶圈足采用镂孔透
雕装饰，与壶身上的纹饰上下
呼应，相得益彰。这件投壶在
制模铸造时使用了先进的内外
合范工艺，一次浇铸成功，壶
壁厚薄均匀，造型规整，纹饰
清晰，自然流畅，是古代青铜
器中难得的精品，充分表现出
了工匠们高超的铸铜技艺。

■青铜投壶

阅读链接

　　在山东长岛，曾经出土了一件战国早期的刻纹提梁壶。这
件投壶在制模铸造时使用了先进的内外合范工艺，一次浇铸成
功，壶壁厚薄均匀，造型规整，纹饰清晰，自然流畅，是古代
青铜器中难得的精品，这也充分表现出了战国时期工匠们高超
的铸铜技艺。

　　此外，这壶身还刻有一幅投壶图，画面上投壶者的投掷动
作正处在紧张投出的那一瞬间，这幅画把《礼记》中所描述的
情景定格了下来，生动再现了战国时期的投壶活动场面，也从
一个侧面印证了当时投壶活动的流行。

汉代投壶的改进与发展

西汉建元三年，也就是前142年的一个冬天，江陵有个名叫申屠的书生，他虽然才19岁，但很有才华。没多久，申屠的才学被朝廷认可，朝廷派他去北方当个县尉，他便独身从江陵北上了。

西汉申屠画像

申屠赶了两天路，第三天黄昏时分，他行到一个山林处，突然遇到了大风雪。这里距离前面一个驿站路途还很遥远。狂风暴雪里，申屠澄赶路赶得筋疲力尽，他身下的驿马也驻蹄哀鸣，不敢再往前走了。

申屠四处望了望，他忽然发现前面白雪压盖的树林里有一间茅屋，茅屋上的烟

■ 古籍中记载的投壶

囱里还不断吐出烟气。

申屠喜出望外，他牵着马去叩打那茅屋的木门。一个老人打开了门，茅屋内窄小紧隘，堂屋中央生着火盆，火盆中木炭红亮如铜，火盆旁边，还坐着一个50来岁的妇人与一个十七八岁的少女。

老人殷勤好客，他一脸红光热情地招待申屠。那老妇人去内屋里取来腊鸡腊肉之类，她在火盆上架起吊锅，与少女一起做晚饭招待申屠。申屠与老人饮酒谈笑，很是融洽。

因为那老人一家都住在山林之内，并没什么见识，他们听申屠讲外面的事情很是高兴。

外面虽然是冰天雪地，但申屠坐到沸腾的火锅旁边，与老人一家谈天说地时，他总是偷眼去看那个坐在炉边的少女。申屠只觉得她肌肤如雪，脸如芙蓉，

建元 汉武帝刘彻的年号，从公元前140年至公元前135年。汉武帝刘彻即位后开始使用年号"建元"，这是我国历史上的第一个年号，共使用6年，建元年号的使用，在我国历史上具有里程碑的作用。

■ 投壶图

快乐游艺

古老游艺与文化内涵

女婿 又称"乘龙快婿"、"东床婿"等，是一种称谓，一般指女儿的丈夫，有时"婿"也能指丈夫。在我国传统文化中，女婿是半子，意思是半个儿子，有时也可直接称儿子。同时，在日常生活中谦称时可称作小婿，"贤婿"则是对女婿客气的称呼。

虽然那少女穿着一身粗布衣裳，但无论容貌还是气质都显得端庄秀美，卓然出尘。

申屠一时无法管住自己的眼睛，总是去看那个少女，讲话也变得吃力起来。

那老人一边饮酒，一边笑吟吟地盯着这个雪地里闯来的客人，他很喜欢这个有才华的小伙子，决定要他做自己的女婿。

于是老人便对少女说："闺女啊，你来陪客人喝两杯吧！"

那少女羞涩地举起酒杯，很快几杯酒下去，她的香腮上便飞起了两片嫣红。

老人决定成全他们，他便佯作醉酒，将酒杯扔到地上。他垂下头伏在几案上，装出打鼾的声音。老婆子扶着老头子转到内室睡下，他们将申屠和少女丢在火盆旁边。

申屠呆呆地望着少女，却不知道该说什么。少女因为矜持，也没有说话，气氛显得很是尴尬。

申屠四下一看，他见少女家中柜子上有个水瓶，窄口宽腹，很是精致。申屠灵机一动，他举起筷子对那少女说："不如我们来比赛，我们用筷子去投那柜上的水瓶，每人投10次，谁若是输了，便要唱一首歌。你觉得怎么样呢？"

少女玩性心强，她含笑点了点头。两人便站起来，他们举着筷子隔出7尺左右，开始往水瓶中投掷筷子。

因为申屠学过射箭，投筷子这点小事自然难不住他，很快他就10投10中了。申屠的本事深得少女的喜欢。只不过少女就不行了，她投10次才投中两次，气得嘟起嘴，怨那瓶子口太小了。

申屠笑呵呵地教少女怎样去投，他将投壶的姿势和手法都教给少女。果然少女学了之后，10次能投进六七次呢！

少女很喜欢这个游戏，她也崇拜申屠的学识渊博和精通射术，对申屠已经动了芳心。她又通过投壶这个游戏，跟申屠的关系更加亲近了些，于是她也敢与申屠谈天说地，言语中充满了爱慕之情。

申屠用投壶吸引了少女的兴趣，还得知了少女的心意，他很是高兴。第二天清早，申屠向少女的父母求婚，果然喜结了良缘，成就了一段才子佳

才子佳人 指男才女貌的一对情侣或夫妻。才子也就是有才气的男人；佳人是指容貌美丽的女子。后来也泛指有才貌的青年男女，才子佳人是我国传统文化中的模范夫妻，代表了我国人们的美好向往。

■ 投壶图

盈川與王盧駱為四傑當謂吾愧在盧前
耻居王後重之者崔融李嶠張說訊謂勃文
章宏逸有絕塵之姿圖非常派所及烟與照
鄰可以企矣說謂楊盈川文思如懸河注
水酌之不竭既優於盧亦不減王其稱
居王後信然愧在盧前謙也

■ 古人著述图

快乐游艺

古老游艺与文化内涵

《淮南子》 又
名《淮南鸿烈》、
《刘安子》等，
是西汉时期创作
的一部论文集，
由西汉皇族淮南
王刘安主持撰
写。该书在继承
先秦道家思想的
基础上，综合了
诸子百家学说中
的精华部分，它
对后世研究秦汉
时期文化起到了
不可替代的作
用，是研究黄老
思想的极其宝贵
而丰富的资料。

人的佳话。

这是我国汉代的一个小故事，说明了在两汉时期，人们通过投壶活动来联络感情，亲密关系，也说明了投壶游戏在汉代的普及。

至汉代，关于投壶的记载就多了起来。西汉皇族淮南王刘安主持撰写的《淮南子》里也提到了高壶的游戏。西汉时期著名史学家司马迁的《史记》中，也专门记载了投壶的盛况，在《史记·滑稽列传》里，还专门讲了一段投壶的故事。

这些记载说明，当时不仅在宫廷之中有这种投壶游戏，就是在民间投壶也有广泛的传播和发展。而且当时在民间传播的投壶游戏，也完全成了一种娱乐活动，再没有了什么礼仪的性质。

民间投壶虽然成了纯属娱乐的游戏，但在士大夫阶级，投壶游戏却变得更加高雅了。

汉代投壶逐渐从宴饮礼仪变为上流社会的高雅竞技，投壶所用的壶也逐渐跟酒壶分离了出来，而且式样也明显增多了。

汉代的投壶游戏的玩法和形制与春秋战国时期相比，都有了不少的改进。

第一是汉代人们制作了专门用于投壶游戏的壶，而不再简单地用酒壶代替了。

后来长安出土的西汉时期水波纹原始瓷投壶，高0.26米，腹径0.17米。投壶圆口，颈部极高，呈管状，肩部下斜有青釉，也有垂釉现象。它高圈足，颈部与肩部都有弦纹和水波纹装饰。该投壶历经2000多年还保存得如此完整，实属罕见。

第二是用于投射的箭不再只是箭杆，而是改用一种特制的竹箭。在这种改进的基础上，投壶游戏的投法也创新了，汉代人们发明了一种名为"骁"的玩法。其实，也就是利用反弹力的投法。

因为原来在投壶时，人们为了防止投入的箭因弹力掉到壶外，他们专门在壶内装上小豆。而用"骁"法进行投壶时，则不仅不需要在壶内装小豆，而且故意让壶的内壁把箭反射回来，这样用一支箭就可以反复投壶了。

后来南阳沙岗店出土的东汉画像《投壶图》，就生动地刻画出了当时的投壶情景。这时所用的投壶，已接近后来贯

■西汉绿釉陶投壶

■贯耳瓶

耳瓶本体的形状了。

东汉古籍中在写汉代投壶形制时这样说：

厥高二尺，盘腹修颈，

饰以金银，文以雕镂。

由此可见，此时投壶的壶是专门为投壶游戏精心制作的。这种壶高0.6米左右，这已经比先秦时高了近0.2米。

还有，陕西出土的汉代褐釉浮雕狩猎纹陶壶，高0.42米，口径0.16米，从它的形状上来看，其实看起来更像是投壶。

因为古籍中记载，东汉末期，还出现了高0.36米，口外径0.11米，内径约0.09米的投壶瓶，它跟东汉时期画像石《投壶图》上所刻画的汉代投壶非常相近。这种投壶瓶的出现，也为以后贯耳瓶的诞生奠定了基础。

在汉代，投壶成了社会上层不可缺少的活动，汉代《古歌》写道：

主人前进酒，弹瑟为清商。

投壶对弹棋，博弈并复行。

汉代人们将投壶和雅歌联系在一起，这说明了投壶已经成为王公贵族和宦官们生活的重要组成部分了。

当然，投壶游戏作为汉代礼仪的一种，它完全是儒家文化的一部分。投壶本来是一种非常严肃的事情，但由于它出现的场合一般都是在酒宴上，所以也逐渐增添了其他的文化因素。

特别是道家思想与儒家思想由纷争逐渐走向融合，这也给投壶这种游戏活动增加了很多道家的东西。

随着道家的宗教化，投壶游戏也逐渐出现了宗教化倾向。投壶游戏的宗教化倾向，是与我国礼乐文化的逐渐衰落有关的。后来，随着周王朝及其礼乐制度的逐渐衰落，汉代的投壶活动逐渐在民间普及，出现游戏娱乐化倾向。

不仅民间，而且皇帝和官员们也常常参加投壶游戏，这让投壶活动的传播更为广泛了。

汉代著名文学家刘歆在他所著的《西京杂记》中记载了汉武帝非常喜欢投壶游戏的事，当时的郭舍人就是因为投壶技艺高超而非常得宠。

《东观汉记》里还记载了投壶游戏在军队里流行的情况。当时很多将军们进行宴饮，一定会进行雅歌投壶。《后汉书·祭遵传》也有类似的记载。

当时，贵为将军的祭遵，在选拔人才时把

道家 我国古代主要思想流派之一，是后世道教理论的重要基础之一。代表人物有老子、庄子、慎到、杨朱等。道家以道、无、自然为主，天性为核心理念。他们认为天道无为、道法自然，据此提出了无为而治、以雌守雄、以柔克刚等政治、军事策略，对我国乃至世界的文化都产生了较大的影响。

■ 汉武帝铜像

投壶当作其中的一项测试内容，在投壶时还一定要奏雅歌。

这一切都表明，投壶游戏在汉代非常流行，普及性也更强了。西汉时期，投壶活动开始融入丧葬文化里，成为宗教信仰仪式里一种对吉祥隐喻的表达。

汉代画像石和画像砖在墓葬内具有宗教信仰与神圣仪式的功能，汉画研究学界普遍认为应是道教在萌芽产生和初步发展时期对世俗丧葬观念发生影响的结果。所以，《投壶》图不仅是现实生活的反映，更具有宗教仪式意味。

在河南省南阳出土一个汉代投壶画像砖，画面的正中立着一个壶，参与投壶的人有宾主各一人，他们都是一手抱着一捆箭，另一只手拿着一支箭，做出一个准备投壶的姿势。

这时的投壶之中已投入两支箭，壶的左边还放着一个三足酒樽，里面放着一把勺子，参加投壶游戏者跪坐在壶的两侧，两人之后还分别坐着几个观看

■ 东汉投壶画像砖

■ 东汉投壶画像砖

的人。

至汉代投壶作为一种游戏更为广泛，礼的成分逐渐减少了，玩乐的成分增多了。在南阳画像的投壶画面中，投壶者和观众可以随意而坐，有走动的人，也有笑的人。

投壶游戏随着时代的推移，其中掺杂的古代礼乐制度逐渐衰落，但投壶游戏中的礼乐文化却没有消亡。商周的礼乐制度通过汉代投壶游戏的改进和发展，被汉代时期人们完整地继承下来了。

阅读链接

河南省南阳汉画馆所藏的东汉《投壶》画像砖，画面上中间有一壶，里面有投中的两支矢，壶左有一个三足樽，上面还有一把勺子，用来舀酒，两边跪坐着两个人正在投矢。

旁边还有旁观者，左边有一个瘦小的人，站在那里侍候，可能是仆人。其中一个投壶的彪形大汉，他已经有些醉态了。可见这幅投壶画像形象描绘出了汉代投壶场面的整体氛围，其中人物情状的栩栩如生，更是令人叹为观止。

事实上，这幅《投壶》图绝不仅仅是对现实生活的模仿和再现，因为该画像砖被安置在墓室里，具有一定的宗教信仰、神圣仪式之功能。

魏晋时期投壶道教化过程

■西晋冯伴画像

　　在西晋永熙年间，皇都洛阳宫廷中很流行投壶游戏。当时有一个投壶高手名叫冯伴，他在当时无与匹敌，全国上下都没有人能在投壶游戏中胜过他。所以晋惠帝司马衷对他非常宠幸，将他留在宫廷中做官，作为自己的门客，每日只是让他陪自己玩投壶游戏。

　　冯伴比其他所有的投壶者都要厉害，他技高一筹，甚至可以百投百返，竟然没有一次落空。

晋惠帝对冯侑的这种儒雅和技艺极为赞赏。每次宫廷宴会，晋惠帝便命冯侑代替他投壶。而冯侑果然不负圣望，他每次都会胜利，晋惠帝便厚赐他金帛。

据说冯侑从小就特别喜欢投壶，因为晋代以前的投壶需要射进去，并不要求箭矢返回来，所以人们在壶中装了很多小豆，用这个办法使箭矢不会跃出。

然而，冯侑却想出了一个新的主意，他把原来的木矢改为了竹矢，而且他还倒掉了壶内的小豆，这样就可以在投壶的时候，让矢重新回到自己手中。也就是说，利用箭矢的反射能力，让箭矢投中壶之后，再借力反弹回来。

冯侑利用这种技巧，他可以用一支箭矢投很多次，甚至可以达到上百次之多。

晋惠帝最喜欢看他投壶了，也正是因为这样，冯侑每次为晋惠帝投壶，总能让晋惠帝开心。因此，他也总能得到晋惠帝赏赐给他的金帛。

在魏晋南北朝时期，人们废除了射礼，从而投壶也就变成了一种宴宾的娱乐。晋惠帝最喜欢投壶，由此也爱屋及乌，所以他同样也喜欢善投壶之人。

在魏晋时期，人们投壶技艺明显都提高了，投壶的技法和花样不断翻新。一方面说明了人们对投壶的重视；另一方面也说明了，人们对投壶游戏已经有了

■ 西晋惠帝司马衷

永熙 290年4月至同年12月，是西晋皇帝晋惠帝司马衷的第一个年号，共计9个月。

晋惠帝 （259年—307年），西晋的第二代皇帝，290年至307年在位，共计17年。司马衷于267年被立为皇太子，在290年即位。他为人痴呆不任事，屡屡被人辗转挟持，形同傀儡，死于307年。

■ 古代细颈投壶

柳恽（465年—517年），南朝时期梁著名诗人、音乐家和棋手。502年，萧衍建立了梁朝，那时他为侍中，与同时期著名史学家沈约等共同制定新律。后来他在朝中，先后任散骑常侍、左民尚书，持节、都督、仁武将军、平越中郎将、广州刺史等。他为政清静，颇得民心。

长时间的经验积累。

南北朝齐梁时期是一个娱乐大行其道的时期，由于社会上层的身体力行和乐此不疲，投壶风气一时大为盛行。

六朝时代，以前的投壶游戏活动被发扬光大，花样不断翻新，创意和水平也上了一个新的台阶，这也使得社会的休闲生活空前丰富多样，色彩斑斓。

齐梁时期的投壶活动，由于前代的积累和传承，已经非常丰富了。齐梁的投壶游戏十分普及，还出现了许多新的技法。

很多投壶高手都能一箭连投40余次，甚至有人还能在壶外设置障碍，隔障投壶，据说从来就没有失过手，可见他们的手段不是一般人能比的。

南北朝时期的大才子柳恽，他的投壶技艺也非常高超。柳恽曾经一箭连投不绝，在当时被称为"神投"。而其他的投壶高手，还有东晋的名士王胡之，他投壶的时候，熟练到根本不用睁眼，可以闭眼投壶。

这些高手的出现，说明了当时投壶的多种技法，真是花样翻新，出神入化。

在魏晋南北朝时期，投壶不仅儒雅，还很有技巧，因而极有趣味性。那时的人们广泛开展投壶活动，也使投壶器物和规则有了很大的发展。晋代的投壶在东汉壶型的两尺高度的基础上，也进行了改进。

晋代投壶为了增加花样，还在壶口两旁增添了两耳，耳口比瓶口略小，于是投壶就有了"依耳"、"贯耳"、"倒耳"、"连中"、"全壶"等技法。

在这一时期，宫廷和民间的投壶高手辈出，晋代著名文学家孙盛在他所著的《晋阳秋》中说，晋代的投壶高手技术非常好，他们甚至闭着眼也能进行投壶。

这时的投壶用的壶才是贯耳瓶。贯耳在这里指的是一种晋代的投壶技法，晋代以前根本没有"贯耳"的投壶技法，所以之前用来投的壶也不能称之为"贯耳瓶"，充其量只能称之为"管耳瓶"，这两种耳的作用却是完全不同的。

在三国时代的魏国，投壶活动继续向前发展。至晋代，投壶活动更为流行，而且成为清谈玄学士人必会、贵族争相推崇的活动。由于投壶活动经常举行，以至于擅长投壶的高手越来越多了。

在晋代，有的人竟然可以隔着屏风投壶。史籍《晋书》中说，石崇有个歌妓非常善长投壶，她可以隔着屏风就能投壶，甚至闭着眼睛也能将箭矢投入壶中。

孙盛（302年—374年），东晋时期著名史学家，出身仕宦家庭，从小便受着良好的文化教育。成年之后，曾任多种官职，最高做过长沙太守。他反对迷信，反对鬼神的唯心论观点，他还深刻地指出，对于一个国家来说，迷信鬼神的保佑，不信民众之力，是一种败亡的征兆。

▣ 游戏图

■ 颜之推石刻像

在其他古籍中，也有关于投壶的记载。特别是史书《南史》中的记载，当时齐竟陵王因为投壶，甚至连上朝都迟到了。

上朝迟到在封建社会可是了不得的大事。齐武帝当时非常生气，可是他听说竟陵王是因为玩投壶游戏而来晚的时候，不但没怪罪，反而赐给他20匹绢。可见在南北朝，投壶之风是多么盛行。

在南北朝时期，著名文学家颜之推写了一本《颜氏家训》，它是以修身齐家而闻名的著作，但是在其中也有关于投壶的详细记载，还对投壶新的发展进行了细致的描述。

众多史籍表明，两晋南北朝时期门阀士族宴饮成风，这一社会风气在投壶活动的发展中起到了推波助澜的作用。

■ 颜之推所著的《颜氏家训·杂艺》

两晋南北朝时期也成为继两汉后投壶的又一兴盛时期，在这一时期，投壶成为普世追求、民众热慕的活动，这也为投壶融入道家文化奠定了群众基础。

然而，投壶活动在从两汉到魏晋发展的最大转变是，投壶受到了道教影响，并在晋末基本完成道教化，从此，投壶成为我国道教文化的重要内容。其实在之前的东汉晚期，随着道教的萌芽、产生和发展，投壶活动已经进入道教文化的视野。

当然，投壶在诗文歌赋中也有不少体现。三国时期，建安七子之一的王璨就在他所著的《棋赋》中，提到了投壶游戏。晋代文学家李尤也有《壶筹铭》，其中也详细写到了投壶游戏。这些文学作品都非常明显地表达了求道、崇尚自然的玄学思潮对投壶的影响。

这也标志着投壶活动广泛进入玄学名流的视界，从此，投壶就带有谈玄、学道乃至求仙的思想倾向。这正是道家思想深刻影响投壶的结果，也是道家思想和道教文化空前发展的显著例证，说明了投壶具有强大的包容力。

还有，确切的史料表明，在此时投壶活动的确已经成为学道求仙的一项重要途径和内容。

东晋时期著名的道教理论家葛洪在《神仙传》还说："玉女投壶，天为之笑"。这句话的意思是说，玉女在玩投壶的时候非常高兴，她一投进，连上天也禁不住开心地笑了。

在这些文献中，投壶不再仅是普通百姓的游乐活动，也成为仙人经常进行的活动，成为仙界生活状态的一种象征。这恰好勾勒出了投壶活动进入仙界视野，以及投壶者身份仙化的程度，同时，这个过程也越来越清晰了。

不仅在中原地区投壶活动道教化普遍存在，远在西北地区的敦煌也有类似的记载。敦煌莫高窟出土文献的写本里就有投壶问道求仙的诗歌。

古代佚名所写的《涉道诗》中有一首诗叫《卫叔卿不宾汉武帝》。这首诗就是借仙家史迹把投壶作为题材，用来对汉武帝进行劝诫的诗歌。

这首诗写道：

蓥殿仙卿顿紫云，武皇非意欲相臣。
便回太华三峰路，不喜咸阳万乘春。
涉险漫劳中禁使，投壶多是上清人。
犹教度世依方术，莫恋浮华误尔身。

■ 道教传人葛洪塑像

莫高窟 俗称"千佛洞"，坐落在河西走廊西端的敦煌，它以精美的壁画和塑像闻名于世。它始建于十六国的前秦时期，历经十六国、北朝、隋、唐、五代、西夏、元等历代的兴建，形成巨大的规模，是世界上现存规模最大、内容最丰富的佛教艺术圣地。

由此可见，在晋代道教推崇的清谈理想中，投壶游戏乃是众神的游戏，它象征着飞升仙居的生活。所以在两汉魏晋时期，投壶游戏被融入丧葬习俗，也包含有死者弃世仙游，去品享投壶仙境的仙家旨趣。

前两句诗句里面提到了卫叔卿的典故，据说他是位仙人，在史书中有传可考。晋代文学家葛洪在《神仙传》中专门对他有过记述。

诗中还说到了上清代人，也是古代的仙人。其实，上清是天上的一个区域，八皇老君和九天之仙，他们都住在上清宫里，其中最有名的神仙是太上老君。

因此，这诗无论是语言方面的遣词造句，还是内容方面的主题素材，都是一篇质量很好的道教诗歌作品。由此可见，投壶活动在魏晋时期完全被纳入了道教视野，成为道教仙境的文化象征。

总之，投壶原本是一种风雅礼仪，它属于贵族阶层的高雅文化，但它真正广泛流播、普及到民间其实也是在魏晋时期。

但是投壶发展到顶峰阶段时，在思想层次上也发生了新的飞跃，这就不能不归功于崇尚老庄和玄学大兴的魏晋时期，也不能不归功于道家思想和道教文化的强大包容力

卫叔卿 传说中的仙人，汉武帝闲居殿上时，他曾经乘云车驾白鹿来见汉武帝，身穿羽衣，头戴星冠，颜色如童子，自称本是中山人，后来就不见了。汉武帝命他儿子往华山寻访他，见他在白玉床上与许多人下棋。

■ 投壶游戏用的箭头

快乐游艺

古老游艺与文化内涵

■ 玉女投壶

玄学 《老子》、《庄子》和《周易》的研究和解说，产生于魏晋时期，是当时主要的文化思潮。玄学是古代一批知识精英，跳出传统的思维方式对宇宙、社会、人生所作的哲学反思，是正统的儒家信仰发生严重危机后，士大夫阶层重新寻找的精神家园。

和持续创新性。

正是在这样的一种氛围之中，投壶游戏获得了一种新的宗教文化内涵。其实，投壶的社会风气在南朝和北朝之间也是相互影响的。

据颜之推所著的《颜氏家训·杂艺》中记载，当时北朝的投壶也是花样繁复，单是当时投壶的名字，就有"倚竿"、"带剑"、"狼壶"、"豹尾"、"龙首"等众多别名。

只要看当时投壶的名字，就能知道当时投壶有多少创新发展，这已经与周代甚至秦汉时期的投壶大不一样了。当时的投壶游戏不仅是男人们宴席上的专利游戏，就连女人们也加入到了这项活动中来。

南朝梁代，有首乐府民歌《华山畿》，内容是这样的：

夜相思，投壶不停箭，忆欢作娇时。

民歌表现的是一位女子，她在回想与情郎的欢洽情景，久久不能入眠。于是她就在夜间投壶，用来排遣思念之情。可见在当时，投壶已经深入闺阃之中，而且日益大众化和娱乐化了。

后来洛阳出土的晋代画像砖《投壶图》中，清晰地描绘出当时的投壶情景。画像中部一个用来投矢的壶，一个酒樽，壶内有两支箭矢，酒樽内有一把勺。

在鼓乐声中，宾主两人正举矢投壶。投入壶中的人为胜利者，投不中的人是输家，胜利者要对输者要进行罚酒，由旁边的司射来进行裁判。

图中有个彪形大汉好像一直是输家，他饮酒有些过量，醉醺醺地瘫地坐着，面部表情非常难看，正被人搀扶离席。中间的两个人跪坐两旁，一手怀抱数支矢，一手执一支矢，他们以壶口为目标，全神贯注，正用箭矢在玩投壶。

所以，在晋代以投壶输赢来赌酒已经非常流行了，这时期的投壶已经真正成为没有礼节约束的"酒令"了。人们利用投壶游戏尽情地玩，尽情地喝酒。

酒令 是我国古代酒席上的一种助兴游戏，一般是指席间推举一人为令官，余者听令轮流说诗词、联语或其他类似游戏，违令者或负者罚饮，所以又称"行令饮酒"。是我国人在饮酒时一种特有的助兴方式，在全国各地有不同的演变方式。属于我国特有的一种酒文化。

■晋代投壶画像砖

因此，晋代的酒席娱乐，一定是雅歌投壶，这是晋代人们饮酒时的习惯。雅歌与投壶合而为一，是当时一种高雅的活动。

魏晋南北朝时期的人们对投壶颇为迷恋，更加挖掘投壶消遣娱人的功能，这也是这一时期对投壶活动的重要贡献。

由于投壶盛行，这一时期，还出现了专门的著述。先是三国时的邯郸淳，他写了篇《投壶赋》，后来晋人傅玄、李尤也写有《投壶赋序》、《壶筹铭》等，此外还有很多，只可惜后来都遗失了。

南朝时期以社会上层为倡导，在相对偏安的环境下，人们在闲暇中通过投壶游戏娱乐性情，他们追求投壶游戏的娱乐性，这也将投壶的娱乐功能发挥到了极致。

至南北朝时期，投壶游戏进一步得到普及与发展，开始由官府走向民间，甚至还包括了住在深宅大院的妇女。

迄今为止，还没有出土过有关晋代至南北朝时期的陶瓷贯耳瓶，这可能是由于当时的瓷器生产技术还处于发展起步阶段，而那时投壶所用的贯耳瓶一般都是铜质的，瓷质的数量还非常少。

魏晋南北朝时期，皇宫深深，寂寞浓浓，宫廷里里既有普通百姓享受不到的荣华富贵，也有其不堪承受的礼仪之重。没有特殊情况，一般下至宫女，上至嫔妃和皇帝都轻易不能离开皇宫半步。

在如此多的时间，都耗在一个皇宫之内，任谁也会厌倦。于是，宫廷游戏就成了他们闲暇之时不可或缺的内容。在我国古代的皇宫，最流行的游戏不下数十种，其中很重要的一种便是投壶。

由于投壶不需耗费太多的体能，因此受到了宫廷中高贵者的欢迎，所以在上层贵族间颇为流行。

我国的宫廷宴饮中也很盛行投壶，即便不是宴饮聚会，闲暇无事的宫女嫔妃们也会以投壶自娱，消磨光阴。宫中的壶和箭都很精美，制作工艺细致绝伦。

皇帝有时也会禁不住韶光美景的诱惑，也会在殿中、室外和厅堂玩投壶游戏。皇帝通过小试身手，以投壶游戏寻点开心。当然，更多的时候，至尊至贵的皇帝和皇后，他们是坐在龙凤宝椅上，一边品着美酒，一边欣赏着伶官、侍从和窈窕宫女们投壶的。

投壶在晋代时是一种儒雅的活动，通经博学的儒士们都很喜欢它。

投壶随着在宫中盛行，渐渐也被达官显贵和儒雅博学的士大夫所接受，甚至于武臣宿将也迷上了投壶。

据说在三国时期，大王公袁绍经常和侍从投壶。甚至在打仗时，他依旧谈笑风生，继续与人进行投壶游戏。袁绍的这种临危不乱和处变不惊的大气，赢得了部下的崇敬。

■ 投壶

古籍中记载了晋代雅士的燕饮投壶，其中这样说：

> 即便是在外出征的将军，他也非常了解儒术，也一定会
> 玩投壶游戏。将军们在喝酒娱乐的时候，一定要雅歌投壶。
> 哪怕是在军队之中，在前线打仗，也不能忘记这样的活动，
> 因为这表示了对王室的尊敬。

据后来唐代古籍《艺文类聚·巧艺部》中的记载，三国时著名文学家邯郸淳对投壶就极有研究，他写了一篇1000多字的《投壶赋》，还拿这篇赋上奏给魏文帝。魏文帝同样爱好文学也喜欢娱乐，他觉得《投壶赋》写得很有功力，就赏赐给邯郸淳1000匹布帛。

这也表明当时的国君对于投壶游戏的重视程度，但在这篇赋文里所记述的魏时的投壶风俗已经与《礼记》所载情况很不相同了。邯郸淳的《投壶赋》，现存的只有389个字，其中这样说：

古代短颈圆腹投壶

> 敬不可久，礼成于饫。
> 乃设大射，否则投壶。

赋中写名匠所铸的壶很华美，以金银作为装饰，壶高6尺，圆肚长颈。但是《礼记》中说是二矢半，东汉著名文学家郑玄在注释中说："壶离座二矢半，就是间距7尺的意思"。这也说明了魏晋时期与先秦时期的投壶距离是一样的。

关于投壶时箭矢的数量，《投壶赋》中说："矢惟二四"。也就是说箭矢有8支。后来清代文学家王文锦在《礼记译解》中解释说，"矢惟二四，即每人四矢"。数量也是一样的，因为有两人在投壶，最后还是8支箭矢。

至于箭矢的形状，在《投壶赋》里，箭矢是前粗后细的，也没有羽毛。《礼记》中并未直接明言，不过箭矢是用木头做的，不用去皮，也没有羽毛，和射箭时用的矢是不一样的。

邯郸淳的赋文所记投壶虽不如《礼记》那么具体，但过程大致是一样的。另外，邯郸淳在赋中还讲到了投壶的功用，说它既可以达到活跃气氛的目的，还能够起到宣传国家政治礼仪的目的。

阅读链接

魏晋时的玄学大师王弼生性豪迈，放荡不羁，而他也尤其善于投壶，他也记述了当时的投壶时尚，推动了投壶的发展。

事实上也正是如此，一代玄学大师王弼确实喜欢投壶游戏。何劭在为王弼写的传中这样说："王弼喜欢研究有关周易的理论，他最喜欢喝酒玩乐，尤其擅长投壶游戏"。

这表明了投壶在晋代人们心目中的地位很高。因为在玄学盛行的晋代，能够与《周易》放在一起让玄学大师喜欢的活动，一定是非常了不起的。

唐宋后投壶的起起落落

715年，唐太宗李世民登基称帝的第三年。有一天，鄂国公尉迟恭上早朝时竟然迟到了。

■尉迟恭彩像

尉迟恭，字敬德，是唐代的著名大将，凌烟阁二十四功臣之一。尉迟恭面如黑炭，年少时以打铁为业。隋朝末年，尉迟恭参了军，他以武勇著称于世，曾经做过将军。

后来秦王李世民与尉迟恭对战时，曾经降伏了尉迟恭。但李世民宅心仁厚，对尉迟恭说："你如果愿意呢，就留下来帮我吧！如果不愿意，那我也可以给你一笔钱，让你离开。"

尉迟恭那时候因为有老母在家，于是便请李世民放他回家。

李世民给了尉迟恭一笔钱，让他回家赡养老母。后来没过多久，李世民在战场上身陷重围，尉迟恭得知后快马加鞭前去解救，他冒死杀入重围，解救了李世民的性命。

李世民很是感动，非常器重尉迟恭，从此他便成为了李世民的左膀右臂。

■唐太宗李世民浮雕

后来李世民做了皇帝，史称"唐太宗"，他封尉迟恭做鄂国公，还封尉迟恭做大都督。但尉迟恭却依仗着自己曾经救过李世民，居功自傲，与大臣们关系很不好，所以也就不把早朝迟到当回事。

早朝迟到在大唐王朝那根本就是欺君之罪，按律要处刑的。唐太宗李世民也非常生气，群臣们也一个个气愤填膺，反观尉迟恭却毫不在意。

李世民生气归生气，他虽然很想处罚尉迟恭，但心中仍是放不下当年尉迟恭舍身杀入重围救了自己的事，他便想放过尉迟恭一马。但是群臣们异常气愤，他们纷纷要求严惩尉迟恭。

李世民不敢违背众人的意愿，却仍想就此放过

尉迟恭（585年—658年），鲜卑族，唐代名将，封鄂国公，是凌烟阁二十四功臣之一，后封并州都督，谥号忠武，赐陪葬昭陵。他纯朴忠厚，勇武善战，驰骋疆场，屡立战功。后来他被尊为民间驱鬼避邪和祈福求安的门神。

古老游艺与文化内涵

■ 青铜兽面纹狮球
投壶

上朝 古代臣子到宫廷觐见君王，奏事议政。两汉时期，皇帝对官员要待之以礼，隋唐时期的官员上朝奏事也均有座，至宋代，官员上朝必须站着奏事。至清代，大臣奏事连站都不行了，必须跪着。从上朝礼仪上的变化可以看出，皇帝的权威越来越高，而官僚的地位却在不断下降。

尉迟恭。他在进退两难之际，突然灵机一动，想起了尉迟恭最喜欢玩投壶游戏了，也知道尉迟恭驰骋沙场多年，弓射娴熟，自然投壶的技巧也非常高超，百投百中也是平常之事。

于是，李世民便想用投壶当个幌子，一来给尉迟恭一个台阶；二来又可以使众人不再指责尉迟恭。

他想到这儿，便和声问尉迟恭道："爱卿怎么上朝迟到了？你是不是最近又在练习投壶？"他一边说一边冲尉迟恭使眼色，好让尉迟恭顺着自己的意思往下说。

尉迟恭见群臣们众口一致要求严惩自己，他知道这次犯下大错了，又见太宗一边说投壶一边使眼色，他便跪地回答道："微臣确实是今天早晨玩投壶时入了迷，竟忘记了时间，以至于误了早朝，犯下重罪。还请圣上恕罪。"

李世民说："爱卿玩投壶不要紧，但误了早朝却是大错。不过朕也喜欢投壶这个游戏，可见爱卿与朕是同道中人，朕便给你个机会，检验一下爱卿投壶的技巧，看看爱卿到底是不是玩投壶玩得忘了时间！"

李世民唤侍卫取来投壶、算筹和箭矢，又让乐工在一旁准备奏乐。

李世民说："朕这次给你个机会，让你在殿上展示你的投壶技巧。如果你投10次能全中，朕便相信你是玩投壶误了时间，若有一个不中，朕便不能饶你！"

尉迟恭起身接过箭矢，在乐工的伴奏下，他轻而易举便投中了10次。

李世民笑着说："爱卿真是一手好技术啊！朕信守承诺，这次便饶你一次，以后可千万不要再误了早朝了！"

尉迟恭急忙点头应承，他发誓以后不会再因为玩投壶误了早朝。大臣们虽然还很生气，但毕竟太宗一言既出驷马难追，他们也不好再说什么了。

等早朝过后，李世民将尉迟恭唤到后堂，让他陪自己玩投壶。

在玩投壶的时候，李世民语重心长地对他说："爱卿啊！国家的大事都在赏赐和处罚里体现，有功要赏，但有错必须要罚。今天我念在当年你救过我一次的情分上，帮你挡了这顿处罚，但你以后绝不能再居功自傲，要善加修身养性，不然等到下一次再后悔可就晚了。"

尉迟恭很是感激，他唯诺地答应了下来，从此以后再不敢居功自傲了。

■ 青釉弦纹贯耳壶

风雅礼仪

投壶游戏

古老游艺与文化内涵

■ 青瓷贯耳瓶

投壶运动是唐宋时期那些士大夫爱玩的游戏，它是射礼的简化，不过还是有些复杂了。因此即便它要退出历史的舞台，它所承载的文化内涵也是无比浓厚的。

当然，投壶之壶有陶制、铜制、铁制和瓷制的。在考古实物资料中，明清时期的投壶较多，也有宋元时的投壶器物。

其实，投壶到了隋唐时期，就已经非常普及了，以至于投壶专用的贯耳瓶需求量大增。这一时期陶瓷技术发展很快，相继出现了像越窑青瓷、邢窑白瓷、鲁山窑花釉瓷、巩县窑白瓷与唐三彩、邛窑彩绘及单色釉瓷、长沙窑彩绘瓷等，这些陶瓷的新技术的产生都对投壶的发展起到了至关重要的作用。

陶瓷贯耳瓶作为投壶器具和精美的艺术品，在隋唐时期受到官府、豪门、士大夫阶层，以及社会玩家的青睐，这自然是不足为奇的。

后来，在长安出土了一件唐代邛窑的写意牡丹纹大贯耳瓶，此瓶高度有0.44米，这跟汉代文学家邯郸淳所写的《投壶赋》中的"厥高二尺"基本一致。它周身绘着两幅无骨写意牡丹画，这也意味着唐代初创的写意花草画首次运用到投壶贯耳瓶中。

唐三彩 一种盛行于唐代的陶器，以黄、褐、绿为基本釉色。它的诞生已有1300多年的历史，吸取了我国国画、雕塑等工艺美术的特点，大多采用堆贴、刻画等形式的装饰图案，线条粗犷有力。它代表了我国封建社会的鼎盛时期，以造型生动逼真、色泽艳丽和富有生活气息而著称。

这个写意牡丹纹大贯耳瓶，是1000多年前的投壶用器。它为研究唐代投壶，提供了实物依据。

还有，后来在长安出土了一只唐三彩贯耳瓶、这个贯耳瓶的造型奇特，因为过低的双耳和外翻的瓶口，都使它不便于"贯耳"。从这个角度来说，这个贯耳瓶可能只是用来观赏的艺术品，不太像投壶游戏中的实用器皿。

同在长安还出土了一只唐代灰青釉大贯耳瓶，此瓶高0.36米，口径0.097米，耳径0.058米，这显然是投壶游戏的实用器皿。所以，这肯定是唐代投壶用的瓷质贯耳瓶，可能实用的唐代投壶瓷器只有写意牡丹纹大贯耳瓶和灰青釉大贯耳瓶这两个了，因此它们显得特别珍贵。

晚唐至五代邛窑的绿釉贯耳瓶，高度已降为0.20米，它的两耳已无法"贯耳"了。所以说，至晚唐五代时期，至少是一部分瓷质贯耳瓶已经变为桌上的陈设器了，它们只供赏玩，再没有实用价值了。

不过，还有人还曾发掘出一件宋代广元窑黑釉贯耳瓶残件，它的出现，进一步说明投壶到了宋代，一部分瓷质贯耳瓶与投壶已经产生了分离，成了单纯的摆设物。

邛窑 在四川省境内，是古代一个烧制陶瓷的名窑，主要以青釉、青釉褐斑、青釉褐绿斑和彩绘瓷为主，在南朝时期开始烧制，在宋代开始衰落，时间跨度为800年。它是我国著名民间瓷窑之一，也是我国古代青瓷的重要产地。

■ 绿釉贯耳瓶

■ 龙泉窑青釉贯耳瓶

快乐游艺

古老游艺与文化内涵

陆游（1125年—1210年），南宋时期著名诗人。他少时受家庭爱国思想熏陶，高宗时曾经在礼部考试，后来被秦桧罢官。宋孝宗时赐他进士出身。他的著作有《剑南诗稿》、《渭南文集》、《南唐书》和《老学庵笔记》等。

但是根据文献记载，宋代的投壶活动仍然没有停止，宋代著名文学家苏轼、陆游等仍留下了有关投壶的诗词，甚至比唐代的诗人留下的投壶诗词还要多。

在宋代，以司马光为代表的儒士们从礼的立场出发，他们过于强调了投壶的治心、修身、为国和观人的作用，却抑制了投壶的平民化和竞技娱乐化趋势。

他们甚至还修订了宋代《投壶新格》中的一些规则，使投壶活动又局限到上流社会中去了。

尽管如此，新的规则还是列出了"有初"、"连中"、"贯耳"、"散箭"、"骁箭"等技法，也记载了许多古代投壶资料。投壶直至明代据说还有140多种投法，至清代仍在宫中大为流行，只是到了晚清以后就渐渐没有了。

但不管这1000多年来，投壶是兴盛还是衰落，由投壶创生的贯耳瓶却一直受到皇族显贵们的珍爱，因为它比其他的瓷瓶具有更加丰富的文化内涵和象征意义。

南宋时期，官窑、龙泉窑等都烧制过贯耳瓶，多为一二十厘米高。一些南宋时期较大的青釉贯耳瓶，一般高度都为0.31米左右，两瓶耳孔内径都不到0.02米，看来是无法用于投壶"贯耳"了。

然而，明清时期景德镇官窑烧制的贯耳瓶，就是纯粹的艺术品了。不过因为投壶的悠久历史和深厚文化底蕴，使这些纯粹的艺术品贯耳瓶仍然是后世的稀世之宝。

后来，清代文学家端方在他所著的《陶斋吉金录》中记载，有一个鹿形投壶，是一个似马形状又带双角的鹿。它背上负有一个圆筒形的投壶，有双贯耳，鞍的两旁有一个小圆筒。高二尺六寸三分，长一尺八寸，从形制和纹饰看，这应该是一件宋元时期器物。

而司马光的《投壶新格》中画的投壶也是双贯耳的。

后来，在北京中山公园，也就是社稷坛的东区，还有一座投壶亭，而且还保存了6只古代铜质投壶。这是一个十字形的敞亭，曾经进行过重建，这也是投壶文化的凝固和历史的见证。

除了在考古中发现的投壶实物外，还有一些唐宋时期的绘画，也表现了

■ 司马光画像

风雅礼仪

投壶游戏

■《重屏会棋图》

唐宋时期人们对投壶的喜爱。在考古发现或传世的古画中，经常可以看到有关投壶的作品，五代时期著名画家周文矩的《重屏会棋图》就生动形象地再现了投壶的历史面貌。

《重屏会棋图》是五代南唐时期的画家周文矩所画。其绢本设色，上面画4个人对坐下棋投壶，4人身后所置的屏风上画有山水人物，并有一个小屏风位于大屏风的中间，因此称"重屏会棋图"。

■ 唐青釉投壶

据考证，这是一幅珍贵的历史人物肖像画，居中正面的人正是南唐中主李璟。这幅画形象地再现了我国古代投壶的礼俗。

明宣宗朱瞻基便是投壶的高手，由于他的技术超强，后来被一些较有名气的画家看中，在明画《明宣宗行乐图》中，便留下了朱瞻基投壶的情景。

而我国名著《金瓶梅》里的西门庆也擅长投壶，他经常和潘金莲一起玩这个游戏，据考证，西门庆这一文学形象，影射的人物便是明武宗朱厚照。

可见在明代，投壶不仅为那些在皇城宫廷里的宫女、嫔妃们带来了乐趣，后来这个游戏还被男人们引入闺阁，鼓励女子们玩耍，也为她们带来了无穷的乐趣。

唐时的投壶更为兴旺，就连周边国家也受到了感染。史书《唐书》中记载说："高丽人追慕大唐，他们也非常喜欢弈棋、投壶和蹴鞠。"

唐代大臣卢藏用博学通才，工于文章，同时他也是一位投壶的国手。他投壶的技术非常高超，能够从背后执矢投壶，就像"龙跃隼飞"一样，百发百中。

唐代文学家上官仪还写有《投壶经》，这卷书在唐代广为流行。《投壶经》确定了投壶的规则和格局。甚至《投壶经》一直盛行到了宋代，后来才逐渐遗失了。

在五代时期，前蜀王宫里住着许多美丽的女人，她们是皇帝的嫔妃。然而，后宫佳丽众多，能够被皇帝宠幸的嫔妃只是少数，多数女子虽然衣食无忧，但

上官仪（608年—665年），字游韶，陕州陕县人，生于江都。自幼聪明好学，做了进士后，被召授为弘文馆的学士，颇受唐高宗和武则天的赏识。662年，他成为当时的宰相。后来，他被绣像凌烟阁，追封为楚国公。

风雅礼仪

投壶游戏

■ 唐代文学家上官仪画像

■ 投壶游戏

古老游艺与文化内涵

她们百无聊赖，宫中的光阴实在是难熬得很。

好在皇帝王衍喜欢游乐，他也喜欢跟大家一起游乐。

于是，嫔妃和宫女们便在宫苑内有了许多玩耍的游戏，而投壶游戏就是其中不可少的一种。

就连皇太后花蕊夫人也对投壶饶有兴趣，她把这些后宫的投壶游戏写入了她的宫词之中，题名就是《投壶》，内容是这样的：

樗蒲冷淡学投壶，箭倚腰身约画图。

尽对君王称妙手，一人来射一人输。

分朋闲坐赌樱桃，收却投壶玉腕劳。

各把沉香双陆子，局中斗累阿谁高。

李白（701年—762年），唐代著名浪漫主义诗人，被后人誉为"诗仙"。生活在盛唐时期，25岁时只身离开家乡，开始了广泛的漫游生活。后来他由人推荐，被唐明皇李隆基召到长安，做了供奉翰林。他的诗歌既反映了时代的繁荣景象，又表现出他追求自由和理想的积极精神。

这首宫词讲的就是宫中玩投壶的事儿，嫔妃们厌倦了樗蒲游戏，于是便改学投壶。虽然她们是刚刚学会，却也是箭袋系腰，英姿飒爽，像模像样。

她们在皇帝的面前个个自称高手，哪知动起真格来，却无一人能够获胜。有时，她们还要加上一点赌注，比如樱桃什么的，看谁的技艺高，运气好。

关于宫廷投壶游戏，还有许多诗歌中曾经提到过。唐代诗仙李白，就曾经写过描写宫女投壶的诗歌，诗中这样写道：

> 帝前投壶多玉女，
> 三峙三笑开电光。

我国唐代还有一首流传很广的投壶古歌，宫女们闲暇时会即兴吟唱，歌词是这样的：

> 上金殿，著玉尊，
> 延贵客，入金门，
> 入金门，上金堂，
> 东厨具肴膳，椎牛烹猪羊，
> 主人前进酒，琴瑟为清商，
> 投壶对弹棋，博弈并复行。

宋代著名诗人钱惟演就有一首诗是描写闺中投壶之事的，诗写道：

> 香歇环沉无限猜，
> 春阴浓淡画帘开。
> 有时盘马看犹懒，
> 尽日投壶笑未回。

与唐代喜欢马球、宋代崇尚蹴鞠相比，明代不少皇帝在体育方面并没有太多的特长，总体来说很不明显，但玩投壶却

■ 投壶

■ 司马光塑像

大儒 也叫"鸿儒"，多指有学问、品德高尚的古代知识分子。但也专指学问渊博的著名儒家学者。在我国历史上出现的大儒很多，如春秋时期著名思想家和文学家孟子、宋代著名思想家朱熹等，他们都是儒家的著名人士。

是他们的一大喜好。

投壶几经演变，流传了2000多年，很多时期都极为兴盛，在士大夫和民间，到处玩投壶玩得热火朝天。

投壶虽然从最初的礼仪演变成娱乐游戏，但它始终伴随着一整套烦琐的礼节，没有完全割断同春秋礼仪的联系。这样，就使投壶的流传范围变得狭窄了，只限于士大夫阶层。

宋元时期，投壶仍在士大夫中盛行。投壶这样一种暗含政治礼仪的活动，竟然开始演化成了纯粹娱乐的百姓之戏，这使一些正宗儒士们大为不满。至北宋时期，司马光就站出来反对了。

宋代大儒司马光认为投壶有悖于古礼，太过于娱乐化了，他颇为不满。司马光便尝试从保守者的角度出发，他希望对旧礼重新恢复，显此还专门撰写了《投壶新格》。

他板起面孔，在著书时将投壶游戏中的许多游戏成分都删除掉了。他还说：

> 投壶可以治心，可以修身，可以为国，可以观人。何以言之？投壶者不使之过，亦不使之不及，所以为中也。不使之偏波流散，所以为正也。中正，道之根底也。

宋神宗熙宁五年，司马光对投壶游戏进行更定后，写成了《投壶新格》。他还对投壶的名称和计分规则，以礼法的限制等，都做了修改。

在投壶方式上，司马光确定第一箭入壶者为"有初"；第二箭连中的叫"连中"；投入壶耳者叫"贯耳"；第一箭不入壶；第二箭起投入者叫"散箭"；箭箭都中者叫全壶；一箭也不中者叫"有终"；投入壶中之箭反弹出来，接着又投入中者叫"骁箭"等。

司马光极力想让投壶重新回到礼治的轨道上来，他要通过投

宋神宗 （1048年—1085年），北宋第六位皇帝，1067年至1085年在位。1063年，他受封光公，1064年，他进封颍王。后来被立为皇太子，次年登基帝位，时年20岁。即位后，由于对疲弱的政治深感不满，所以命王安石推行变法，以期振兴北宋王朝，史称"王安石变法"，又称"熙宁变法"。

风雅礼仪

投壶游戏

■ 宋神宗赵顼画像

■ 南宋时期文学家
周密

周密（1232年—
1298年），南宋
著名的词人和文
学家。后来，他
隐居不仕，潜心
写作，他的诗文
多有成就，又能
诗画音律，尤好
藏弄校书，一生
著述较丰。著有
《齐东野语》、
《武林旧事》、
《癸辛杂识》、
《志雅堂杂杂
钞》等杂著数十
种，对后世文学
的发展有很大的
贡献。

壶来达到治心、修身、为国和观人的目的，这使投壶
游戏又蒙上了意趣索然的礼教之气。

司马光的意见，使投壶染上了政治色彩。司马光
的这种改造，让投壶游戏的娱乐功能大大降低，也影
响了它的普及性。

投壶这项活动，隋唐开始向技艺多样化方面发
展，娱乐性大大增强了。

《投壶新格》中反映了1072年以前投壶多样化的
内容。但司马光更新定格，对投法加以限制，实际阻
碍了这项活动向技艺多样化、复杂化发展，某种程度
也影响了它的娱乐性。

这对于以娱乐为主的百姓来说，是难以接受的。

不过，有些人并不理会这些卫道士们的保守思想，仍然把投壶当成一种游戏来玩。

后来南宋时期文学家周密的《武林旧事·西湖游赏》中就这样记载："人们在西湖边，玩泥丸、鼓板、投壶、花弹、蹴鞠等各种游戏"。可见在南宋时期，人们对于投壶游戏的娱乐功能已经非常喜爱了。

投壶这个饮酒中的游戏，沿用2000余年仍然不衰，至明代还颇为兴盛，就连明神宗万历帝都倾心于此，他将这件金箭壶放置在他的贴身处，可见投壶的魅力非常巨大。

据说明代，有个名叫苏乐壶的人，因为投壶技术高超，被人称为"投壶一绝"。明代文学家沈榜在他所著的《宛署杂记》中，详细记录了苏乐投壶的绝技，称他不仅能背身投壶，还能用3支箭同时向3个壶

■ 李汝珍所著的《镜花缘》

■ 投壶用的箭

投射，而且从来没有失手过，可见苏乐的神技有多厉害。

当时的许多文学作品中也有大量有关于投壶游戏的记载，通过它们能够反映当时投壶游戏的情况，这些都表明了投壶游戏在当时的娱乐功能。

清代著名文学家李汝珍在他所著的《镜花缘》第七十四回中这样写道：

《孽海花》 晚清四大谴责小说之一。清代著名文学家曾朴所著，全书共35回，生动展现了从同治初年至甲午战争30年来我国社会政治文化生活的历史变迁。本书突出的特点是所写的人物事件大都影射真人真事，所以此书具有强烈的时代感。

紫芝也随后跟来，走到桂花厅。只见林婉如、邹婉春、米兰芬、闵兰荪等8个人在那里投壶。

林婉如道："俺们才投几个式子，都觉费事，莫若还把前日在公主那边投的几个旧套子再投一回，岂不省事。"

众人都道："如此甚好，就从姐姐先起。"

婉如道："俺说个容易的，好活活准头，就是朝天一炷香罢。"

众人挨次投过，也有投上的，也有投不上的。

邹婉春道："我是苏秦背剑。"

米兰芬道："我是姜太公钓鱼。"

闵兰荪道："我是张果老倒骑驴。"

吕瑞其道："我是乌龙摆尾。"

柳瑞春道："我是鹞子翻身。"

魏紫樱道："我是流星赶月。"

卞紫云道："我是富贵不断头。"

众人都照着式子投了。

紫芝走来，两手撮了一捆箭，朝壶中一投道："我是乱劈柴。"逗得众人好笑。

还有清代著名文学家曾朴的《孽海花》第二十回，这样写道：

成伯怡在云卧园大集诸名士，替李纯客做寿。李纯客与小燕等到了园中：说话未了，忽然微风中吹来一阵

■ 春苑投壶图

■ 明代青釉贯耳瓶

快乐游艺

古老游艺与文化内涵

廊 指屋檐下的
过道、房屋内的
通道或独立有顶
的通道。包括回
廊和游廊,具有
遮阳、防雨、小
憩等功能。廊是
建筑的组成部
分,也是构成建
筑外观特点和划
分空间格局的重
要手段。我国古
代建筑中的廊常
配有几何纹样的
栏杆、坐凳、挂
落、彩画;隔墙
上常饰以什锦灯
窗、月洞门等各
种装饰构件。

笑语声。

一个说:"我投了个双骁,比你的贯耳高得多哩!"

一个道:"让我再投个双贯耳你看。"

小燕道:"咦,谁在那里投壶?"

筱亭道:"除了剑云,谁高兴干那个!"

扈桥就飞步抢上去道:"我倒没玩过这个,且去看来。"

纯客自给薆云一路谈心,也跟下亭子来。一下亭,只见一条曲折长廊,东西蜿蜒,一眼望不见底儿。廊底下,果然见姜剑云卷起双袖,叉着手半靠在栏杆上,看着一个十五六岁的活泼少年,手执一枝竹箭,离着个有耳的铜瓶五步地,直躬敛容地立着,正要投哩!

恰好扈桥喘吁吁地跑来喊道:"好呀,你们做这样雅戏,也不叫我玩玩!"说着,就在那少年手里夺了竹箭,顺手一掷,早抛出五六丈之外。

此时纯客及众人已进来,见了哄然大笑。纯客道:"蠢儿!这个把戏,哪里是粗心浮气弄得来的！"

通过这些文学作品中的描写，可以看出，当时玩投壶游戏的都是一些有闲阶级，而且一般都是女性玩耍的多，这已经显示出投壶游戏的衰败迹象。

其实，明代之后，投壶并未拘泥旧法，而是随着社会发展日益繁盛，进入新的发展阶段。明代也有不少投壶著述。

在明代，投壶运动在有闲阶级中仍是相当有市场，甚至还发展出了众多的花样。

明代学问家谢肇制有文章记载说："当时的投壶游戏的种类名称最多，有春睡、听琴、倒插、卷帘、雁衔、芦翻、蝴蝶等项，不下30余种。"

从这些花哨的名目中可以得知，当时投壶除了要求准以外，还很注重投时的姿势和箭矢入壶的形态，这无疑越来越有难度了，也更适合男女在家里玩了。

至清代，投壶日趋衰落。不过，清代末年宫中还在流行玩投壶。

明清两代，投壶在有闲阶级中仍很有市场，只是清代末期以后，开始走向衰落，最后逐渐消失了。

然而，投壶从春秋时代的射礼衍生而来，有着教化的作

■清代厂官釉贯耳瓶

清代铜投壶

用。又因为投壶简化了射礼，大大降低了习射难度，还可以在宴饮时进行。

由于投壶在唐代盛行起来，参与者越来越多，所以它的娱乐性便凸现出来了。

投壶将"教"与"乐"融为一体，是对唐代"寓教于乐"教育思想的极好诠释。它成为儒士生活的组成部分，是人们竞相追逐的社会时尚。

投壶在其发展的2000多年的历史中，形成了完整的投壶礼，而投壶技艺也被纳入庙堂礼乐之中。它"寓教于乐"的特性使它绵延2000年之久，也正是由于它寓教于乐功能的丧失，使得它日渐衰落，最终才销声匿迹了。

阅读链接

后来，在北京定陵出土了一个明代酒具金箭壶，这是一个非常名贵的投壶。这个壶高0.122米，口径0.02米，圈足径0.049米。金箭壶是明代万历皇帝棺内随葬的一件饮酒时使用的博彩用具。

此壶的形状是细长颈，筒形，两侧附贯耳，扁圆腹，圈足，腹刻龙凤戏珠，壶颈部和贯耳处都刻有云纹图案。

据记载，万历皇帝生前喜爱饮酒，所以他死后随葬品中有不少精妙的酒器，绝大多数珍藏在棺内贴身处。

其实，壶中所插的金箭长0.14米，与定陵中出土的长0.26米的两双金箸相比短得多，根本无法用它们夹住食物，因此它并非金箸。这件金壶也并非"匙箸瓶"，而是一种投壶饮酒时使用的博彩箭壶。

击壤运动

壤是我国一项古老的投掷游艺，它反映出了古人恬静闲适的生活画面。

"壤"是用木制成的，前宽后窄，形状就像鞋子一样，长0.3米，宽约10厘米。它的玩法是放置一个"壤"在地上，然后玩家后退三四十步，然后用手中的"壤"去击打地上的"壤"，如果击中了就可以获得胜利了。

击壤游戏的出现，表达出了我国古人对万担归仓和感谢社稷获得丰收的喜悦，并寄托着来年希望丰收的愿望。

舜田间击壤而被尧帝发现

那是我国上古时期，五帝之一的尧帝已经70多岁了，他认为自己儿子丹朱很不成器，不足以担当起管理天下的责任，于是他便决定从民间选用贤良之才继承帝位。

尧帝塑像

■ 击壤图

在一次诸侯聚会中，尧问四方诸侯首领说："谁能担负起天子的重任呢？"

四方诸侯首领说："历山民间有个单身汉，叫虞舜，听说他很有本事，应该可以担负起天子的重担啊！"

于是，尧打听到了舜是在田间耕地的一个农夫，他便微服私访，独自来到历山一带。

尧到了历山田间，突然他看到很多人围在一起，中间有一个青年身材很是魁梧，正聚精会神在玩一种叫击壤的投掷游戏，这个青年站在远处，用小石头去击打前面放置的木块。这个青年击壤的技术非常高超，他竟然每次都能用石头打到木块。

青年周围的人在一旁大声叫好，其中有个人就喊道："舜啊！你这么厉害，一定是我们大王尧帝的仁德在保佑你呀！"

百姓们纷纷点头称是，不断附和那个人。尧这才知道那个青年就是舜，他想："他击他的壤，关我什么事呢？再说我哪里有什么仁德能去保佑别人呢？"

这时，舜哈哈大笑了起来，他突然唱了一首歌，

丹朱 尧帝的儿子。帝尧生十子，丹朱是他的长子，他出生时全身红彤彤，因取名"朱"。他开通聪明，智慧极高，从小极受尧的宠爱。他个性刚烈，做事坚决有主见，是世界围棋界的始祖，相传为史上围棋第一高手。

YU SHUN

快乐游艺

古老游艺与文化内涵

■ 舜 姓姚，名重华，字都君，我国传说历史中的人物，是五帝之一。舜为4个部落联盟首领，以受尧的"禅让"而称帝于天下，建都于蒲阪，国号为"有虞"。他爱护人民、造福于民，倡导天人协和、万物共荣的社会公德，是上古一位有为的君主。

在歌中唱道：

太阳出来喽，我出来劳作！

太阳落山喽，我回去休息！

我若是渴了，就自己去打水！

我若是饿了，就自己去耕田！

尧帝他确实有仁德，可是和我有多大关系呀！

尧听了这话，他觉得舜的生活非常恬静舒适，也对舜产生了好感。后来，围观的人们都走了，舜也收拾好击壤的用具，回到田间去耕田了。尧想继续考察一下他，便跟了上去。

尧走上前，来到田间，正好看见舜在全神贯注地耕田，舜的犁前驾着一头黑牛和一头黄牛。

奇怪的是，舜从不用鞭打这两头牛，而是在犁辕上挂一个簸箕。每隔一会儿，舜就敲一下簸箕，吆喝一声。

尧很奇怪，他等舜犁到了地头，便问他道："耕夫都用鞭打牛，你为何只敲簸箕不打牛呢？"

舜见一旁有老人在发问，他很有礼貌，便拱手作揖答道："牛为人们耕田，它们出力流汗很是辛苦，如果我再用鞭子来打它们，我于心何忍呢！我打簸箕，黑牛以为我在打黄牛，黄牛以为我在打黑牛，它们便都卖力拉犁了。这样一来，我不仅没有打到牛，还能鞭策它们卖力耕田，这不是更好吗？"

尧一听，他觉得舜非常有智慧，又有善心，他对牛尚且如此，如果对百姓那就应该更有爱心了。于是，尧与舜在田间扯起话题，他们谈了一些治理天下的问题。

尧发现，舜的观点都很有见识。等他们聊完后，尧又走访了方圆10多千米，发现当地的人都夸舜是一个贤良之才。

于是，尧便决定将两个女儿娥皇女英都嫁给舜，让两个女儿观察舜的德行。后来，尧发现舜的头脑清醒，方向明确，是一个有仁德的人。

尧便放心了，他先让舜在朝中做虞官，又试舜3年后，便让舜在文庙拜了先祖，让舜正式替代行天子之政了。

其实，击壤是我国一项古老的投掷游艺，它反映出了古人恬静闲适的生活画面。

"壤"是用木制成的，前宽后窄，形状就像鞋子一样，长0.3米，宽约10厘米，它的玩法是放置一个"壤"在地上，

娥皇女英 古代传说中五帝之一尧帝的两个女儿，并称"皇英"。长女名叫娥皇，次女名叫女英，姐妹一同嫁给帝舜为妻。舜继尧位后，二女一起了做他的妃子，后世也称二女为"湘夫人"。

■ 娥皇女英塑像

然后玩家后退三四十步，然后用手中的"壤"去击打地上的"壤"，如果击中了就获得胜利了。

这项游戏因为器具简易，又能激发人们的兴趣，因此，它长期在民间流传，并演变出多种形式。其中，人们较为熟悉的是一种"抛堵"的游戏，也称"飞堵"，"堵"其实就是古代的砖瓦，也就是打瓦的一种游戏，它只是以砖瓦替代了壤木，本质上却是一模一样的。

有人认为，击壤最初是从事农作的古人借以谢土报社的俗信活动，这里面蕴含着游戏的核心是对土地神的膜拜。正如古代诗歌总集《诗经·小雅·甫田》中关于"琴瑟击鼓，以御田祖，以祈甘雨，以介我稷黍，以谷我士女"的描写一样。

由于击壤这种俗信活动所具有的欢怡气氛，从而决定了它由娱神向娱人的方向发生转化，最终形成了一种季节性的游戏，并在传习过程中逐渐淡化成俗信的成分了。但是作为历史的遗存，它仍然潜含着早期的文化信息。

以早期击壤之戏的变种游戏"打梭"为例，游戏者以"斗一"、"斗二"至"斗三"的计数判定胜负，这种斗量计数方式，表达了万担归仓和感谢社稷获得丰收的喜悦，并寄托着来年希望丰收的愿望。

阅读链接

还有人推测击壤游戏的源头可能是一种生产巫术，或是一种预测秋收的占卜形式，但这些都不具备有力的论据。

击壤如果从传说中的"尧"算起，至少有4000年的历史了。其实，击壤的产生大约与狩猎有关。在远古时代，人类用木棒击打野兽。

后来，这种狩猎工具得到了改进，人们自从有了弹弓和弓箭，也就不再依靠用木棒掷击野兽了，于是便演变成了后来的击壤游戏。

击壤的历代发展与演变

随着击壤活动的减少，后来逐渐失传了，大约是由于它太单调的缘故吧！

不过，击壤后来发展成为了击砖游戏，人们用砖代替了壤，比赛的规则也较完善，在儿童的游戏中延续了下来。

宋代时流行于寒食节、清明节前后孩童玩的"打瓦"和"打板"等游戏，其实就是用瓦块或者石头玩的击壤游戏。

宋代诗人张侃在《代吴

■宋代诗人张侃画像

■ 刘侗著《帝京景
物略》

儿作小至后九九诗八解》诗中提到了抛堶的游戏，诗
写道：

五五三三抛堶忙，柳丝深处映陂塘。

快乐游艺

古老游艺与文化内涵

刘侗（1593年—
1636年），明代
散文家。在当时
颇为有名。1634
年他考中进士，
后来选任吴县知
县。他撰写的
《帝京景物略》
记述明代北京地
区的山川园林、
庵庙寺观、桥台
泉潭、岁时风
俗。他写作态度
认真，此书在艺
术上也有特色，
为后人了解明代
北京风俗提供了
很大的便利。

这说明了，在宋代有一种类似抛堶的游戏。还有
"飞石"游戏，据古书记载，飞石的玩法是：

以砖两枚长7寸，相去30步为标。各以
砖一枚，方圆一尺掷之。主人持筹随多少。
甲先掷破则得筹，乙后破则夺先破者。

很明显，这是一种带有赌博性的"飞石"比赛，
也类似于击壤。

其实也有人认为，击壤与投壶有相似之处，它本
是士大夫们的一种休闲习艺的方式，因为具有较强的
娱乐性，才逐渐流向民间的。

后来在这个过程中，它改变了活动的形式，而在
我国古代，也称善于击壤的人为"壤父"。

明代著名学者刘侗在他所著的《帝京景物略》中

记载：

> 二月初二龙抬头，小儿以木两寸，制如枣核，置地而棒之，一击令起，随一击令远，以近为负，曰打柭，古所称击壤者耶！

这说明刘侗小时候玩过的这个游戏有可能就是"击壤"。只是名称上被称作"打柭"，这一点有所不同而已，这也许是时代创新的缘故，使击壤变得更有趣味性和富有竞技性了。

文中的"打"便是从击壤中发展而来的，它在明代各地的儿童游戏中较为流行，只是这种儿童游戏难登大雅之堂，史籍也把它忽视了，因此没有多少记载。

击壤的原始形态也一样长流不竭。清代著名学者周亮工在他所著的《书影》中记载："秣陵有杨柳黄，击棒壤的歌谣。"

秣陵其实就是"金陵"，也就是后来的南京，可见在清代时期，击壤在南京地区非常流行。

那时候用于投掷的壤木则由鞋形木头变为了圆形的棍棒状。后来，在上海还有一种叫作"笃棚门板"游戏，"笃"是沪音，意思就是"投掷"，

清代著名学者周亮工画像

■ 清代击壤图

该游戏也是从"击壤"游戏演变而来，只是鞋子形状的壤棍变成了类似盒子形状的木块了。

明清时期，击壤之戏被称为"打瓦"。此外，还有一种叫"打板"的游戏，也是击壤的一个变种。古代地方志《顺天府志》中记载：

小儿以木两寸，制如枣核，置地棒之。一击令起，随一击令远，以近为负，曰打板。板古所称击壤者也。

这便说明了"打板"与我国古代满族风俗中的"打栲"的玩法是一样的。其实，类似击壤的儿童投掷游戏还有很多，这些都是击壤游戏的变种，它们逐渐流向民间，并改变了活动形式。

阅读链接

还有人认为，击壤活动起源于原始社会的生活实践。在上古时期，先人们还没有发明弓箭以前，人们都是靠投击石块来捕捉飞奔的禽兽，他们为了提高投掷的命中率，自然需要经常进行投掷的动作训练。

所以也就诞生了古老的击壤游戏。因此，击壤很可能是从这种远古的谋生手段中蜕变而来的，甚至后人每次将"击壤"与"打瓦"并称，以至于都可以混为一谈，这也说明了两种游戏都是上古时期投掷产生的一种折射。